Ulrich Schnakenberg

Geschichte in Karikaturen III

Karikaturen als Quelle 1800–1900

Kommentierte Arbeitsblätter

Bibliografische Information der Deutschen Nationalbibliothek
Die Deutsche Nationalbibliothek verzeichnet diese Publikation in der Deutschen Nationalbibliografie; detaillierte bibliografische Daten sind im Internet über http://dnb.d-nb.de abrufbar.

Die Reihe „Kommentierte Arbeitsblätter“
wird herausgegeben von
Michele Barricelli
Peter Gautschi
Chrstine Gundermann
Vadim Oswalt

Die Reihe wurde gegründet von Ulrich Mayer,
Hans-Jürgen Pandel und Gerhard Schneider

www.wochenschau-verlag.de

Titelgestaltung: Ohl Design
Titelbild: Think or be damned, Udo Keppler, Puck, 19. Juli 1899
Gesamtherstellung: Wochenschau Verlag
Gedruckt auf chlorfrei gebleichtem Papier
ISBN 978-3-7344-1223-3
E-Book ISBN 978-3-7344-1224-0 (PDF)
DOI https://doi.org/10.46499/299

INHALT

IV. „Im siebten Himmel"? Einigungskriege und Reichsgründung

V. „Reichstagsauflösung" – Kulturkampf, Sozialistengesetz, Gesellschaft des Kaiserreichs

VI. „The European Equilibrist" – Bismarck und das europäische Mächtegleichgewicht

VII. „Staatliche Führsorge und Arbeitslosigkeit" – Industrialisierung und soziale Frage

VIII. Imperialismus – „Die Aufteilung Afrikas" und die „Bürde des weißen Mannes"

EINLEITUNG

WARUM KARIKATUREN IM GESCHICHTSUNTERRICHT?

Karikaturen sind Mittel der politischen Auseinandersetzung!

Karikaturen sind in der Regel kein Abbild der Realität, sondern grafische Kommentare, die Partei ergreifen, verkürzen, verzerren, übertreiben. Sie sind per se kritisch, oft auch aggressiv. In den allermeisten Fällen beinhalten Karikaturen – ganz besonders die anspruchsvollen, für die vertiefende Arbeit im Geschichtsunterricht am besten geeigneten – ein Werturteil. Karikaturen sind Mittel der politischen Auseinandersetzung, dies muss den Schülerinnen und Schülern immer wieder klargemacht werden.

Karikaturarbeit fördert historisches und ideologiekritisches Denken

Aber gerade im Erkennen der perspektivischen Zuspitzung oder auch Verzerrung eines geschichtlichen Ereignisses bzw. eines geschichtlichen Prozesses durch den Karikaturisten liegen die großen Potenziale eines karikaturengestützten Unterrichts: Wenn die Lernenden tendenziöse Zeichnungen eigenständig als perspektivisch verfärbt erkennen und diese kritisch mit der historischen Evidenz vergleichen, sind wesentliche Ziele eines modernen Geschichtsunterrichts erreicht, bildet sich ein kritisches, reflexives Geschichtsbewusstsein heraus. Systematische Quellenkritik – die zentrale fachwissenschaftliche Operation des Geschichtsunterrichts lässt sich an keiner Gattung besser einüben als an Karikaturen.

TÜCKEN UND FALLSTRICKE DER KARIKATURARBEIT

Aussage muss überprüft, Intention des Zeichners herausgearbeitet werden

Die eben konstatierte Stärke der Karikatur, nämlich die ihr immanente perspektivische Verzerrung durch den politisch Stellung beziehenden Zeichner, impliziert gleichzeitig die Gefahr von Missverständnissen und Fehlschlüssen. Den Schülerinnen und Schülern fällt es anfangs oft schwer, parteiliche Werturteile, die einem Vergleich mit der historischen Wirklichkeit nicht standhalten, als solche zu identifizieren.

Die erworbene Dekonstruktionskompetenz auf den Umgang mit Textquellen übertragen

Aber gerade aus diesem Grunde sollte man diesen speziellen Quellentyp einsetzen. Wie an keinem anderen Medium kann man am Beispiel der Karikatur deutlich machen, dass historische Quellen in den seltensten Fällen „objektiv" sind und deshalb gerade nicht zeigen, „wie es eigentlich gewesen ist". Haben die Lernenden im Zuge der Karikaturarbeit die Fähigkeit zur Ideologiekritik erworben, kann diese neu erworbene Dekonstruktionskompetenz leicht auf den Umgang mit klassischen Textquellen übertragen werden.

Ferner sollte man sich als Lehrkraft nicht scheuen, den Lernenden die ein oder andere Zusatzinformation zur Verfügung zu stellen, ohne die eine adäquate Interpretation nur mit großer Mühe möglich ist. Dies gilt etwa für die Bezeichnung der dargestellten historischen Persönlichkeiten, deren Physiognomien i. d. R. nicht als bekannt vorausgesetzt werden können; in dem ein oder anderen Fall wird es sich ebenso anbieten, Hinweise zum historischen Kontext zu gegeben (z. B. auch als Differenzierungsmaterial).

AUSWAHLKRITERIEN DER VORGELEGTEN KARIKATUREN

Kaum geeignete Karikaturen vor 1848

Der Untertitel des vorliegenden Büchleins ist insofern ein wenig irreführend, als der Schwerpunkt der aufgenommenen Karikaturen eher auf der zweiten Hälfte des 19. Jahrhunderts liegt. Dies erklärt sich ganz einfach dadurch, dass für die Zeit vor 1848 kaum für den schulischen Unterricht geeignete Zeichnungen vorliegen. Sieht man von wenigen Ausnahmen aus der Zeit der Französischen Revolution oder den Napoleonischen Kriegen ab, stellen die oft höchst komplexen und überaus anspielungsreichen Bildsatiren vor der 48er Revolution selbst Oberstufenschüler vor kaum zu bewältigende Herausforderungen.

Einerseits, um den Schülern dennoch einen Eindruck von der Frühform der Karikatur zu vermitteln, andererseits, um diese wichtige Epoche der europäischen Geschichte des 19. Jahrhunderts nicht völlig zu vernachlässigen, finden sich gleich zu Beginn zwei Beispiele der anti-napoleonischen Karikatur (Abb. 1, 2). Bei der Darstellung des berühmten „Denker-Clubs" (Abb. 3) handelt sich um eine der ganz wenigen Karikaturen aus der Zeit des Vormärz, die – bei entsprechender Unterstützung durch die Lehrkraft – schon von Schülern der 9. Klasse gut erschlossen werden kann.

Schwerpunkt: 1848, Reichsgründung, Kaiserreich

Die Aufhebung der Zensur nach der Revolution von 1848 führte zu einem ungeheuren Aufblühen der Publizistik. Dies macht es möglich, das „tolle Jahr" anhand diverser Zeichnungen multiperspektivisch zu betrachten. Die Behandlung des Imperialismus fällt demgegenüber sehr knapp aus. Eine Zusammenstellung von Zeichnungen zur Errichtung der neuen europäischen Kolonialreiche, zu Hochimperialismus und Erstem Weltkrieg, von zahllosen neu gegründeten satirischen Zeitschriften zeichnerisch intensiv – und häufig in Farbe – begleitet, bleibt dem Folgeband „Geschichte in Karikaturen IV" überlassen.

Detaillierte Analyse von „Klassikern"

„Geschichte in Karikaturen III" enthält neben zahlreichen bislang eher unbekannten auch eine Reihe von Klassikern des Geschichtsunterrichts, die nach Ansicht des Verfassers in einer solch repräsentativen Auswahl von Karikaturen des 19. Jahrhunderts nicht fehlen dürfen. Weil Beschreibung, Interpretation und Beurteilung hier jedoch ausführlicher ausfallen, als dies in der Regel in den meisten Schulbüchern, Lehrerhandreichungen oder Karikatursammlungen der Fall ist, liegt der Mehrwert für den Nutzer gleichwohl auf der Hand.

„Neue", weniger bekannte Karikaturen

Abgesehen von diesem guten Dutzend traditionellen Bildikonen versammelt der vorliegende Band – wie seine Vorgängerbände – zahlreiche weniger bis kaum bekannte Zeichnungen, darunter eine ganze Reihe in Deutschland bislang unveröffentlichter ausländischer Karikaturen.

Lehrplanrelevanz, angemessener Schwierigkeitsgrad, Ästhetik, Gegenwarts- und Zukunftsbedeutung

Die hier vorgelegte Auswahl von 50 satirischen Zeichnungen der Jahre 1807 bis 1905 soll es der Lehrkraft ermöglichen, zentrale lehrplanrelevante Themen innovativ und abwechslungsreich einzuführen, zu erarbeiten oder zu wiederholen. Neben der Lehrplanrelevanz, die einen deutlichen Schwerpunkt auf den Bereich Politikgeschichte mit sich bringt (das Thema Industrialisierung wird dennoch angeschnitten und soll im Nachfolgeband weiter vertieft werden), kamen bei der Auswahl der Karikaturen folgende Kriterien zum Tragen: Relevanz des jeweils behandelten Aspekts, angemessener Schwierigkeitsgrad, Ästhetik der Zeichnung, Gegenwarts- und Zukunftsbedeutung. Die Karikaturen sollten dabei einerseits nicht zu leicht zu „knacken" sein, sonst bliebe die Chance des gemeinsamen intensiven Rätselns und Bedeutungsverhandelns ungenutzt; andererseits sollten die Schülerinnen und Schüler nicht durch zu abstrakte und zu komplexe Zeichnungen überfordert werden.

MULTIPERSPEKTIVITÄT

Kontrastive Parallelkarikaturen

Ähnlich wie in den Vorgängerbänden beleuchten die aufgenommen Karikaturen die einzelnen Themen aus möglichst vielen unterschiedlichen Perspektiven. Die Arbeit mit „kontrastiven Parallelkarikaturen", die auch in diesem Band in größerer Zahl vorkommen, bietet sich insbesondere an, um die oben angeführte Kompetenz „Ideologiekritik" gezielt einzuüben. Dadurch, dass hier ein und dasselbe Ereignis bzw. derselbe Prozess – ggf. arbeitsteilig – aus entgegengesetzten Blickwinkeln betrachtet wird, fragen die Lernenden automatisch nach dem Wirklichkeitsbezug der Karikatur. So erkennen sie auch die Notwendigkeit weiterer Informationsbeschaffung bzw. nutzen bereits erworbenes Wissen zur kritischen Einordnung und Beurteilung der in den Parallelkarikaturen enthaltenen Wertungen.

ZUR VERWENDUNG DIESES BANDES

Qualitativ hochwertige Abbildung, Beschreibung, Entstehungszusammenhang, Interpretation, Tendenz der jeweiligen Karikatur sowie Arbeitsanregungen nehmen je eine Doppelseite ein. Dabei wurde auf Übersichtlichkeit großer Wert gelegt, was der Lehrkraft eine schnelle Orientierung ohne lange Vorbereitung erlaubt. Die knappen, pointierten Beschreibungen und Interpretationen können dabei zwangsläufig nur ein Angebot sein und lassen Raum für alternative Deutungsmöglichkeiten.

In einigen seltenen Fällen konnten trotz umfangreicher Recherche keine präzisen Angaben zu Datierung und Ort der Erstveröffentlichung der Karikaturen ausfindig gemacht werden, da viele Zeichnungen heute nicht mehr im Original vorliegen bzw. nur extrem schwer auffindbar sind. Was die einzelnen Schritte der Karikaturanalyse, Aufgabenvorschläge, Methoden und Ähnliches anbetrifft, sei pauschal auf die Literaturhinweise am Ende des Bandes verwiesen.

ARBEITSSCHRITTE DER KARIKATURANALYSE

1. ERSTBEGEGNUNG

Äußern von ersten Eindrücken, Gefühlen und Fragen.

Mögliche Leitfragen:

- Wie wirkt die Zeichnung auf dich?
- Was ist vermutlich das Thema der Karikatur?
- Welche Aussage scheint der Zeichner zu treffen?
- Welche Fragen wirft das Plakat auf?

2. BESCHREIBUNG

In Worte fassen, was in der Zeichnung zu sehen ist. An dieser Stelle sollten auch Unklarheiten bezüglich zeichnerischer Symbole oder abgebildeter Personen thematisiert werden.

Mögliche Aufgaben und Leitfragen:

- Beschreibe das Plakat möglichst genau – auch kleine Details können wichtig sein!
- Wann und wo ist die Karikatur erschienen?
- Finden sich bestimmte Zeichen oder Symbole, die erklärt werden müssen?

3. ANALYSE

Erschließen von Thema und Inhalt sowie Untersuchung der verwendeten Stilmittel und Symbole. Dies kann (zunächst) in Einzel- oder Partnerarbeit unter Hinzuziehung ergänzender Quellen (Schulbuch!) erfolgen.

Mögliche Leitfragen:

- Auf welches historische Ereignis scheint der Karikaturist Bezug zu nehmen?
- Was ist nun wirklich das Thema der Karikatur? Lagen wir mit unseren ersten Einschätzungen richtig?
- Welche Aussage trifft der Zeichner?
- Nutzt der Zeichner bestimmte Stilmittel wie perspektivische Verzerrung, Hell-Dunkel-Kontrast, Metaphorik, Ironie etc.?
- In welchem Zusammenhang stehen Zeichnung und eine eventuelle Bildunterschrift?

4. INTERPRETATION UND URTEIL

Zusammenfassende Deutung und Bewertung der Aussage im historischen Kontext. Hier werden Zeichnung und historischer Kontext in Beziehung gesetzt, wird die bildhafte Aussage auf ihren inhaltlichen Kern zurückgeführt, werden Aussage und Funktion der Karikatur kritisch hinterfragt sowie aus damaliger und heutiger Sicht bewertet.

Mögliche Leitfragen:

- Wird in der Karikatur eine bestimmte Einstellung, Meinung oder Deutung des Zeichners deutlich?
- Inwiefern stimmt die Aussage der Karikatur mit der historischen Wirklichkeit überein?
- Wie ist die Aussage des Karikaturisten zu bewerten?
- Eventuell: Welche (zusätzlichen) Informationen benötigen wir für eine Beurteilung der Karikatur? Welche Fragen bleiben offen?

INTERPRETATIONSSCHEMA

Urheberschaft (Zeichner, Ort der Veröffentlichung, Datum)	
Thema	
Beschreibung	
Historischer Kontext	
Interpretation	
Deutung und Bewertung	
Offene Fragen	

ANREGUNGEN FÜR ARBEITSAUFTRÄGE

ARBEITSAUFTRÄGE: BESCHREIBUNG UND INTERPRETATION

- Beschreibe deinem Sitznachbarn die vorliegende Karikatur. Achte dabei auch auf kleinste Details.
- Notiere dir Fragen zur vorliegenden Karikatur.
- Stelle eine Sammlung von Hintergrundinformationen zusammen, die zur Interpretation notwendig sind.
- Recherchiere notwendige Hintergrundinformationen.
- Ordne die Karikatur zeitlich ein.
- Spekuliere über den Ort der Veröffentlichung.
- Diskutiere, inwieweit der Karikaturist für die eine oder die andere Seite Partei ergreift.
- Fasse die Aussage der Karikatur in ein bis zwei Sätzen zusammen.
- Gib der Karikatur eine passende (bzw. eine alternative) Bildunterschrift.
- Verfasse eine schriftliche Interpretation der Karikatur.
- Stelle deinem Sitznachbarn deine Interpretation der vorliegenden Karikatur vor. Diskutiert eventuelle Unklarheiten/Unterschiede in der Interpretation.

ARBEITSAUFTRÄGE ZUR BEURTEILUNG

- Ordne den Zeichner politisch ein.
- Erörtere mögliche Reaktionen der Zeitgenossen auf die Darstellung.
- Beurteile, inwieweit der Zeichner ein akkurates Bild der dargestellten Situation bzw. Thematik zeichnet.
- Lege dar, inwieweit du der Aussage der Karikatur aus heutiger Sicht zustimmst.
- Diskutiere, inwiefern die Karikatur auch noch zehn Jahre nach ihrem Erscheinen bzw. heute aktuell ist.

HANDLUNGSORIENTIERTE AUFGABEN

- Hebe in der Karikatur verwendete zeichnerische Symbole durch Pfeile/Einkreisen hervor und erläutere diese.
- Verfasse einen imaginären Brief, in dem der Karikaturist einem Freund die Beweggründe schildert, die ihn zu der Zeichnung animiert haben.
- Verfasse einen imaginären Brief des Chefredakteurs, in dem dieser dem Karikaturisten darlegt, warum die Zeichnung (in dieser Form) nicht veröffentlicht wird.
- Verfasse einen Dialog (z. B.: Wutausbruch), in dem sich ein in der Zeichnung dargestellter Politiker gegenüber seinem persönlichen Mitarbeiter über die seiner Ansicht nach unzutreffende/verleumderische Karikatur beschwert.
- Ergänze die vorliegende Karikatur oder zeichne sie um.
- Zeichne (bzw. überlege dir Ideen für) eine Folgekarikatur. Nimm dabei zentrale Bildelemente auf.
- Zeichne (bzw. überlege dir Ideen für) eine Karikatur, die den gleichen Sachverhalt aus einer anderen Perspektive darstellt.
- Präsentiere eine Karikatur deiner Wahl auf einem Plakat, indem du die Zeichnung mit kurzen Textpassagen, Fotos, Karten, Statistiken etc. erläuterst.
- Verfasse einen Wikipedia-Eintrag zum Karikaturisten X bzw. zur Karikatur Y.
- Analysiert die ausgelegten Karikaturen im Rahmen eines „Museumsganges" und macht euch jeweils Notizen (auf dem ausgeteilten Karikatursteckbrief). Anschließend stellt ihr – nach dem Zufallsprinzip – eine der Zeichnungen dem Plenum genauer vor.

1 The modern atlas asking a favor of John Bull

Urheberschaft	C. Williams, September 1807
Beschreibung	Links im Bild steht, einen mächtigen Globus auf der Schulter tragend, Napoleon. Sich nach vorne beugend deutet dieser auf einen großen, geöffneten Schubladenschrank (ein „Kabinettschrank") rechts und sagt zu John Bull, der Pfeife rauchend vor dem Schrank auf einem Schemel sitzt: „You must know Mr Bull, I set out with an intention of conquering the whole World, in which I have partly succeded, but there are so many cracks and fissures that want filling up, that it will be impossible for me to do it unless you will permit me to have access to your little Cabinet there, and then Johnny we shall be on the most friendly terms imaginable." Der stämmige John Bull blickt ihn an und antwortet: „Eher werde ich dich zum Teufel schicken!" Weitere Details: In John Bulls Gürtel stecken zwei Pistolen. Die einzelnen Schubladen sind wie folgt beschrieben: „Großbritannien, Irland, Schottland, Herrschaft der Meere, Kap der guten Hoffnung, Gibraltar, Ostindien, Westindien, Malta, dänische Flotte usw. usw., John Bulls Cabinet"; ganz unten, auf einer sehr großen, mit Goldstücken (?) gefüllten Schublade, steht „Munition".
Historischer Kontext	Napoleonische Kriege: Nach den französischen Siegen über Österreich und Preußen war Großbritannien neben Russland die einzige Großmacht, die dem Kaiser noch widerstand. Seit 1806 versuchte er, das Inselreich und seine Kolonien mit seiner Kontinentalsperre in die Knie zu zwingen. „Herrschaft der Meere": Während Napoleon dank seiner Armeen den Großteil Europas erobert hatte, beherrschte die mächtige britische Flotte weiterhin die Weltmeere („Britannia rule the waves"). Neben größeren Kolonien zählten dabei auch kleinere, aber strategisch umso bedeutendere Gebiete zum britischen Empire. So kontrollierten die Engländer etwa von Gibraltar aus den Zugang ins Mittelmeer. „Danish Fleet": Im Zuge des Bombardements von Kopenhagen zerstörte und eroberte Großbritannien zwischen August und September 1807 die dänische Flotte. Man wollte so verhindern, dass diese in die Hände Napoleons fiel.
Deutung	Nach seinen Siegen in Italien, Österreich und Preußen war der frisch gebackene Kaiser der Franzosen seinem Ziel, den „ganzen Kontinent (bzw. das ganze Festland) zu beherrschen", ziemlich nahe gekommen – wobei zur damaligen Zeit die Herrschaft über Europa praktisch die Herrschaft über die Welt bedeutete (vgl. den Globus). Seinem Griff nach der Weltherrschaft („conquering the whole World", „moderner Atlas") stand (bzw. saß) nun eigentlich nur noch Großbritannien mit seiner mächtigen Flotte und seinen zahlreichen, strategisch wichtigen Flottenstützpunkten im Weg. Gleichzeitig deutet der Karikaturist an, dass Napoleons Machtposition weniger stabil ist, als es manchem Beobachter scheint (vgl. die schmächtige Figur des Kaisers, die schwere der Last auf seinen Schultern und die „many cracks and fissures that want filling up" – die vielen Brüche und Risse, die sich überall in seinem Reich auftun); während er die Position des Vereinigten Königreiches als vergleichsweise komfortabel darstellt: John Bull ist von mächtiger Statur, sitzt bequem auf einem Hocker, raucht in Ruhe seine Pfeife, ist schwer bewaffnet (und hat beide Hände frei), verfügt über den Zugriff auf eine mächtige Flotte und einen gewaltigen Staatsschatz. Die Drohung mit der Kontinentalsperre jagt ihm ebenso wenig Angst ein, wie er den Versprechen Napoleons Glauben schenkt („most friendly terms imaginable"). Die Botschaft: Großbritannien ist gut gerüstet und kann sicher sein, dass es aus der Auseinandersetzung mit „Little Boney" als Sieger hervorgehen wird.

DIDAKTISCH-METHODISCHE HINWEISE, ARBEITSANREGUNGEN

1. Beschreibe deinem Sitznachbarn die vorliegende Karikatur. Achte dabei auch auf kleinste Details.
2. Gib der Karikatur einen alternativen Titel.

You must know Mr Bull, I set out with an intention of conquering the whole World, in which I have partly succeeded but there are so many cracks and fissures that want filling up, that it will be impossible for me to do it unless you will permit me to have access to your little Cabinet there, and then Johnny we shall be on the most friendly terms imaginable.
I'll see you D__d first
The Whole of the Continent
GREAT BRITAIN
SCOTLAND
IRELAND
DOMINION OF the SEAS
GIBRALTER
CAPE OF GOOD HOPE
WEST INDIES
EAST INDIES
MALTA
Danish Fleet &c &c &c &c &c
JOHN BULLS CABINET
AMMUNITION
Pub'd Septr 1807 by Walker No 7 Cornhill
THE MODERN ATLAS asking a favor of JOHN BULL.

2 Der neue Universalmonarch auf dem zum Wohl der Menschheit errichteten Throne

Urheberschaft	Johann Michael Voltz, 1813
Beschreibung	Im Zentrum sitzt Napoleon auf einem Thron aus beschrifteten Totenschädeln (u.a. „Schill"), auf dem Sockel steht „Schlachtopfer" und darüber „Oldenburg, Bremen, Hamburg, Lübeck, Westfalen, [und] Holland" geschrieben. Zu seinen Füßen erkennt man Schriftstücke („Presburger Friede, Tilsiter Friede, Rheinbundacte, Egypten"); links und rechts davon verschiedene Säcke und Fässer („Hessischer Schatz, Pressfreiheit, Preussische Kontributionen, Oester ..."). Während zwei Diener dem Kaiser Wein servieren, verteilt rechts ein Beamter Orden an Uniformierte, die vor Napoleon auf die Knie fallen. Weitere Details: Über dem Kaiser schweben drei Adler, die Blitze auf ihn schleudern; im Bildhintergrund erkennt man die Elbe und eine brennende Stadt.
Historischer Kontext	Tilsiter Friede: Der Friede von Tilsit besiegelte im Juli 1807 Napoleons Sieg über Preußen (Schlacht von Jena und Auerstedt, Oktober 1806). Schill: Der preußische Offizier Ferdinand von Schill führte mit einer Freischärlertruppe einen Guerillakrieg gegen Napoleon und dessen Nachschublinien (er starb bei einem Gefecht am 31. Mai 1809). Rheinbund: Von Napoleon erzwungener Zusammenschluss deutscher Fürstentümer, die in starker Abhängigkeit von Frankreich standen.
Deutung	Der Karikaturist Voltz kritisiert schon im Titel die napoleonische Herrschaft mit ihren vermeintlichen Errungenschaften (vgl. etwa die Einführung des Code civil, weshalb die französische Besatzung zunächst vielfach auf Zuspruch stieß): des Kaisers Versprechen, die „Menschheit" an Fortschritt und Freiheit teilhaben zu lassen, betrachtet er als scheinheilig, indem er es mit dem brutalen militärischen Vorgehen des Franzosen kontrastiert. Neben dem Verweis auf einzelne getötete Gegner wie etwa Schill nennt der Zeichner hier explizit mehrere (nord-)deutsche Städte, die Teil des Rheinbundes waren; die Friedensbedingungen tritt Napoleon demnach „mit Füßen", während er sich die „Thränen" der „Witwen [und] Waisen" servieren lässt. Gleichzeitig weist der Zeichner auf die enormen finanziellen Belastungen durch die „Kriegskontributionen" hin. Neben dem Kaiser der Franzosen kritisiert Johann Michael Voltz zugleich auch die speichelleckenden deutschen Fürsten der Rheinbundstaaten, die sich aus seiner Sicht dem Kaiser feige unterwarfen und hier dankbar die von ihm verteilten Orden entgegennehmen. Intention: Der Karikaturist hofft auf ein anti-napoleonisches Bündnis zwischen Russland, Preußen und Österreich; sein Flugblatt soll das Volk zu einem Aufstand gegen die französische Fremdherrschaft anstacheln.

DIDAKTISCH-METHODISCHE HINWEISE, ARBEITSANREGUNGEN

1. Notiere Fragen zur vorliegenden Karikatur.
2. Fasse die Aussage der Karikatur in ein bis zwei Sätzen zusammen.

Der neue Universalmonarch
auf dem zum Wohl der Menschheit errichteten Throne.

3 Der Denkerclub

Urheberschaft	Anonym, 1819
Beschreibung	Um einen großen Tisch sitzen acht gut gekleidete Männer, die alle Perücken sowie eine Art Maulkorb tragen. Über dem Tisch ist eine große Tafel mit der Aufschrift „Wichtige Frage, welche in heutiger Sitzung bedacht wird: Wie lange möchte uns das Denken noch erlaubt bleiben?“ angebracht. Einige der Männer verharren in Denkerpositionen, einer betet, einer hebt energisch die rechte Hand, so als ob er eine Rede hält. Ganz rechts schläft ein beleibter Herr in einem Ohrensessel. Rechts im Bild hängt eine weitere Tafel mit den „Gesetzen des Denker-Clubs“. Diese lauten: „I. Der Präsident eröffnet präzise um 8 Uhr d. Sitzung. II. Schweigen ist das erste Gesetz dieser gelehrten Gesellschaft. III. Auf das kein Mitglied in Versuchung gerathen möge, seiner Zunge freien Lauf zu lassen, so werden beim Eintritte Maulkörbe ausgetheilt. IV. Der Gegenstand, welcher in jeweiliger Sitzung durch ein reifes Nachdenken gründlich erörtert werden soll, befindet sich auf einer Tafel mit grossen Buchstaben deutlich geschrieben. V. Zum Mitglied dieses Vereins kann nur derjenige ...“. Ganz links, über einem geschlossenen Vorhang, hängen weitere Maulkörbe.
Historischer Kontext	**Quelle** *Auszug aus dem Bundes-Universitätsgesetz vom 20. September 1819 (Teil der Karlsbader Beschlüsse): Provisorischer Beschluß über die in Ansehung der Universitäten zu ergreifenden Maaßregeln:* „§. 2. Die Bundesregierungen verpflichten sich gegeneinander, Universitäts- und andere öffentliche Lehrer, die durch erweisliche Abweichung von ihrer Pflicht oder Überschreitung der Grenzen ihres Berufes, durch Mißbrauch ihres rechtmäßigen Einflusses auf die Gemüther der Jugend, durch Verbreitung verderblicher, der öffentlichen Ordnung und Ruhe feindseliger oder die Grundlagen der bestehenden Staatseinrichtungen untergrabender Lehren, ihre Unfähigkeit zu Verwaltung des ihnen anvertrauten wichtigen Amtes unverkennbar an den Tag gelegt haben, von den Universitäten und sonstigen Lehranstalten zu entfernen ... Ein auf solche Weise ausgeschlossener Lehrer darf in keinem andern Bundes-Staate bei irgend einem öffentlichen Lehr-Institute wieder angestellt werden.“
Deutung	Die Karlsbader Beschlüsse haben jede offene Diskussion der politischen Verhältnisse nach der Restauration der alten Ordnung unmöglich gemacht: Metternich und die Monarchen haben den Menschen (hier: der gesellschaftlichen Elite, vgl. Kleidung und Perücken) „Maulkörbe“ verpasst. Anklagend fragt der anonyme (!) Karikaturist: „Wie lange möchte uns das Denken noch erlaubt bleiben?“ Mit seiner Zeichnung kritisiert er gleichzeitig aber auch das Bürgertum, das sich widerstandslos seinem Schicksal ergibt: Die „Denker“ der um den Tisch versammelten „gelehrten Gesellschaft“ fügen sich willenlos, einer schläft, einer erwartet Hilfe aus dem Himmel. Keiner macht Anstalten, die Maulkörbe abzustreifen (vgl. auch die ironischen Regeln). Intention: Aufrütteln der Biedermeiergesellschaft, Aufruf zum Kampf gegen die die Meinungs- und Pressefreiheit erdrückenden Karlsbader Beschlüsse.

DIDAKTISCH-METHODISCHE HINWEISE, ARBEITSANREGUNGEN

1. Beschreibe deinem Sitznachbarn die vorliegende Karikatur. Achte dabei auch auf kleinste Details.
2. Ordne den Zeichner politisch ein.
3. Vergleiche die Zeichnung mit der Karikatur 9 aus dem Jahr 1848. .

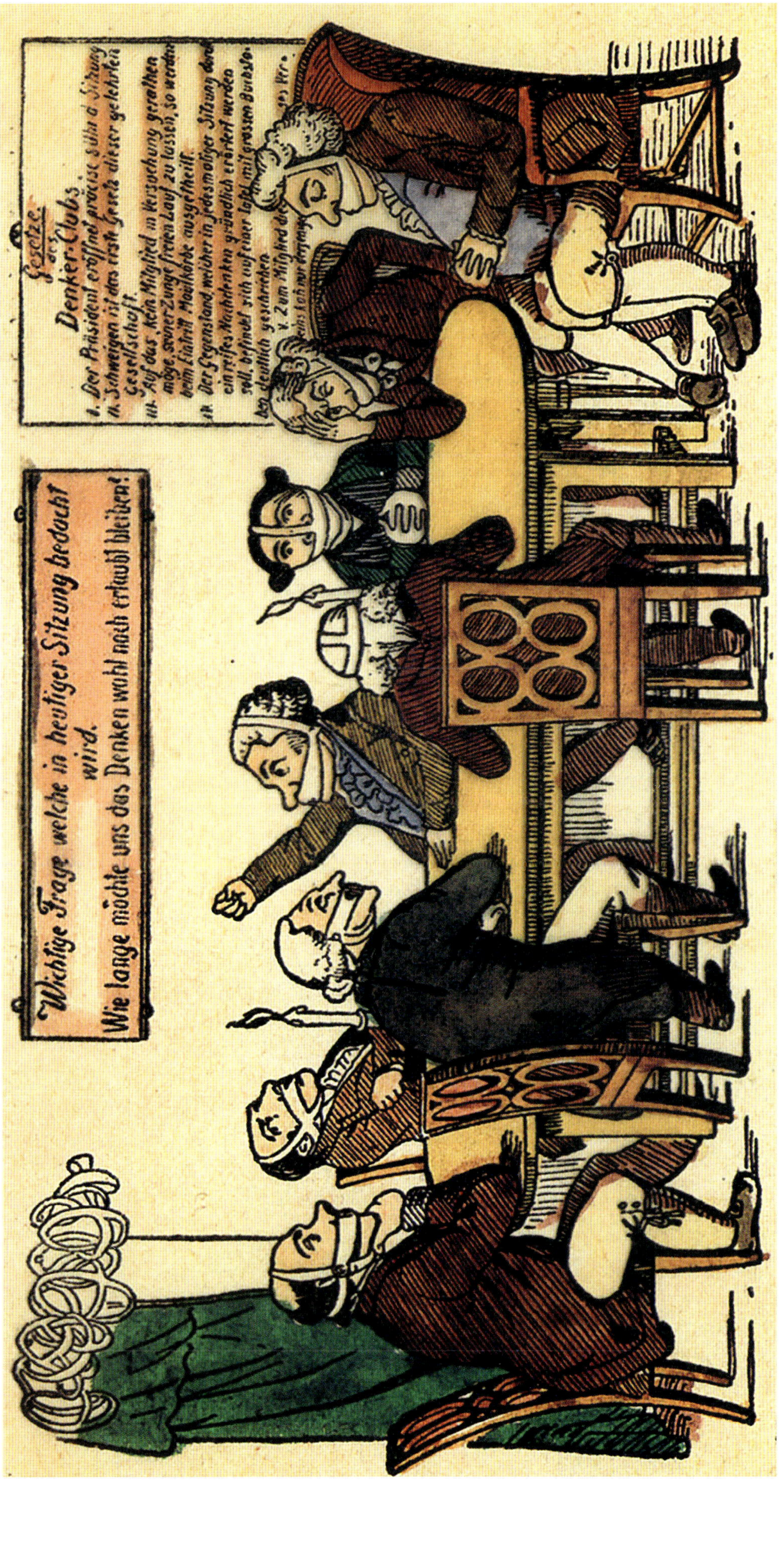
Gesetze des Denker-Clubs.
I. Der Präsident eröffnet präcise 8 Uhr d. Sitzung
II. Schweigen ist das erste Gesetz dieser gelehrten Gesellschaft.
III. Auf daß kein Mitglied in Versuchung gerathen möge, seiner Zunge freien Lauf zu lassen, so werden beim Eintritt Maulkörbe ausgetheilt.
IV. Der Gegenstand welcher in jedesmaliger Sitzung durch ein reifes Nachdenken gründlich erörtert werden soll, befindet sich auf einer Tafel mit grossen Buchstaben deutlich geschrieben.
Wichtige Frage welche in heutiger Sitzung bedacht wird.
Wie lange möchte uns das Denken wohl noch erlaubt bleiben?

4 Der schlafende deutsche Michel

Urheberschaft	Ursprünglich anonymes Flugblatt (Johann Richard Seel), 1843
Beschreibung	Im Zentrum der Karikatur steht bzw. sitzt ein feister deutscher Michel – und zwar in einer Art Kinderstuhl, der aufgrund der Fülle seines Bauchumfangs zu bersten droht. Michel trägt eine Schlafmütze sowie ein Lätzchen mit den Zahlen 1–36, ein Schloss vor dem Mund sowie schwarze Stiefel: den rechten ziert ein (österreichischer) Doppeladler, den linken ein von einem Flicken halb verdeckter (preußischer) Adler. Michels Kopf ist auf ein Kissen gebettet, welches ein schlummerndes Schaf ziert. Der Michel wird umlagert von vier Gestalten: Links lässt ihn ein Mann in Uniform (mit Degen und Schlüssel am Gürtel) am rechten Arm, der von einem mächtigen Prügel gestützt wird, zur Ader; rechts reißt ihm ein französischer Soldat den Jackenärmel halb ab; ein russischer Bauer mit Fellmütze („Muschik“) flüstert ihm von hinten beruhigende Worte ins Ohr; vorne rechts zerrt die englische Bulldogge an seinem Geldsack. Im Bildhintergrund sitzt links ein erzürnter Papst (vgl. die Tiara, die „Papstkrone“) mit Bischofsstab und großem Schlüssel auf einem Podest; rechts exerzieren Soldaten.
Historischer Kontext	Metternich: Der österreichische Staatskanzler war der mächtigste Mann in Deutschland. Er unterdrückte zwischen 1815 und 1848 erfolgreich alle nationalen Einigungs- und Freiheitsbewegungen. Rheinkrise: 1840 beanspruchte Frankreich die deutschen linksrheinischen Gebiete, was im Deutschen Bund auf massiven Widerstand stieß und eine akute Kriegsgefahr heraufbeschwor. Großbritannien: Als Vorreiter der Industrialisierung florierte England; der Deutsche Bund blieb aufgrund seiner politischen und wirtschaftlichen Zersplitterung rückständig. Europäisches Gleichgewicht: Den deutschen Nachbarn und europäischen Großmächten kam ein schwaches und uneiniges Deutschland zupass; sie fürchteten einen Hegemonialstaat im Zentrum Europas.
Deutung	Der Karikaturist Seel sieht die Situation Anfang der 1840er-Jahre folgendermaßen: Das potenziell mächtige deutsche Volk (vgl. Michels Leibesumfang) wird unterdrückt; Metternich hat es mundtot gemacht (vgl. Schloss und Schlüssel, Anspielung auf die Karlsbader Beschlüsse und die Unterdrückung der Presse- und Meinungsfreiheit) und raubt ihm so seine Kraft („zur Ader lassen“). Großbritannien profitiert von der industriellen Nachfrage des wirtschaftlich rückständigen Deutschen Bundes; Frankreich beansprucht das linke Rheinufer (vgl. den linken Ärmel); und Russland spricht beruhigend auf den Michel ein, während es zugleich sein Lätzchen strammer zieht und ihm so die Luft zum Atmen nimmt (die Zahlen verweisen auf die Zersplitterung in 36 klein- und mitteldeutsche Staaten des Deutschen Bundes). Die Darstellung des Papstes spielt auf die anti-liberalen und anti-aufklärerischen Positionen der (katholischen) Kirche an. Neben dieser Verurteilung der Politik der deutschen Nachbarn kritisiert Seel aber auch, dass das deutsche Volk sich nicht wehrt, obwohl es die Möglichkeiten dazu hätte (vgl. die Keule), sondern schläft (vgl. Michels Schlafmütze, das Kopfkissen sowie das darauf abgebildete schlummernde Schaf). Seine Rolle als Opfer erscheint zwar bemitleidenswert, aber doch selbstverschuldet – und auch die Soldaten des Deutschen Bundes schauen dem Treiben der vier Gestalten tatenlos zu. Intention: Seel will das Volk aufrütteln, er setzt darauf, dass der „deutsche Michel“ möglichst bald erwacht.

DIDAKTISCH-METHODISCHE HINWEISE, ARBEITSANREGUNGEN

1. Hebe in der Karikatur verwendete zeichnerische Symbole durch Pfeile/Einkreisen hervor und erläutere diese.

2. Wenn der Karikaturist eine Folgekarikatur zeichnen würde, wie könnte diese aussehen? Notiere Ideen und vergleiche die Zeichnung anschließend mit Karikatur 5.

© akg-images

5 Der erwachte deutsche Michel

Urheberschaft	Ursprünglich anonymes Flugblatt (Johann Richard Seel), 1843
Beschreibung	Das Bild wird dominiert vom „erwachten deutschen Michel“. Der in jeder Beziehung „kräftige“ Mann hat seinen Kinderstuhl gesprengt. In seiner Rechten schwenkt er eine massive Holzkeule, die Linke hat er zum Schwur erhoben. Während sich Metternich angesichts von Michels Zornesausbruch ängstlich wegduckt (dabei seinen Zweispitz plattdrückt und seinen Degen verliert), bettelt der russische Muschik um Gnade (oder sendet ein Stoßgebet zum Himmel); der Papst wird, von Blitzen getroffen, in die Luft geschleudert und verliert Tiara, Bischofsstab und den Schlüssel Petri); die Soldaten greifen aktiv in die Auseinandersetzung ein, indem sie den Franzosen zurückwerfen (auch dieser verliert seine Waffe) – und die englische Bulldogge kauert ängstlich am Bildrand. Weitere Details: Michels Lätzchen ist verschwunden, stattdessen prangt ein großer Adler (mit Reichsapfel und Zepter) auf seinem fetten Bauch; die Zipfelmütze liegt am Boden – stattdessen trägt er nun eine Pickelhaube; das Schloss ist zerstört. Das Bild des Schafes schließlich wurde durch das eines Löwen ersetzt, der eine Schlange im tödlichen Kampf besiegt.
Historischer Kontext	Vergleiche die vorhergehende Karikatur.
Deutung	Diese zweite Karikatur Seels, ebenfalls aus dem Jahr 1843, ist als Folge- oder Gegenkarikatur zu verstehen. Seel zeigt hier, was passieren kann bzw. passieren wird, wenn der deutsche Michel noch weiter unterdrückt und ausgebeutet wird. Deutschland, so seine Botschaft, ist stark genug, seine Fesseln zu sprengen und seine vielen Gegner und Neider, denen das Machtvakuum in der Mitte Europas immer sehr zupasskam, in die Schranken zu weisen – wenn es denn nur will. Fazit: Die Zeichnung ist Ausdruck seiner Vision einer deutschen Einigung unter preußischer Führung – nicht nur Metternich wird besiegt, auch der österreichische Adler ist verschwunden (Seel zeigt sich so als Anhänger der „kleindeutschen“ Lösung der deutschen Frage).

DIDAKTISCH-METHODISCHE HINWEISE, ARBEITSANREGUNGEN

1. Ordne den Zeichner politisch ein.
2. Verfasse eine schriftliche Interpretation der Doppelkarikatur.

6 Die Communisten

Urheberschaft	Fliegende Blätter, 1845
Beschreibung	Die Karikatur zeigt zwei Männer. Links steht ein Mann mit Mantel und Hut. Die Arme verschränkt und die eine Hand auf das Kinn gestützt, blickt er nachdenklich zu dem Mann rechts hinüber. Dieser ist ärmlich gekleidet, seine Hose ist zerfetzt, statt von einem Gürtel oder von Knöpfen wird seine Kleidung von einem einfachen Band nur provisorisch zusammengehalten – sodass man seine nackte Brust und die Brusthaare sieht. Sein linker Stiefel ist löchrig: der große Zeh guckt heraus. Der Mann trägt Vollbart, auf seinem wirren, langen Haar sitzt eine Jakobinermütze. Mit dem linken Arm stützt er sich auf einen Stock; seine Augen hat er weit aufgerissen, die Beine gespreizt und die Arme weit von sich gestreckt. Es entspinnt sich folgender Dialog: „Ja, du redest immer von Gleichheit und Gütertheilen, allein ich setze den Fall, wir haben getheilt und ich, ich spare meinen Theil, doch du verschwendest den Deinigen, was dann?“ „Ganz einfach! Dann theilen wir wieder!“
Historischer Kontext	Karl Marx: Marx war gemeinsam mit Friedrich Engels im „Bund der Kommunisten“ aktiv (ehemals: „Bund der Gerechten“). Im Februar 1848 veröffentlichte er das mit Engels gemeinsam verfasste „Manifest der Kommunistischen Partei“, das mit den Worten „Ein Gespenst geht um in Europa – das Gespenst des Kommunismus“ beginnt und mit dem berühmt gewordenen Aufruf „Proletarier aller Länder vereinigt euch!“ schließt.
Deutung	Zunächst zur Intention: Die Karikatur richtet sich an diejenigen, denen die damals neue Idee des „Communismus“ – „Gleichheit“ und „Brüderlichkeit“, ein Ende der Armut durch „Gütertheilen“ – attraktiv und erstrebenswert erscheint, also an alle Anhänger und noch unentschlossene potenzielle Unterstützer kommunistischer Forderungen unter Bürgern und Arbeitern (vgl. die Kleidung des Mannes links). Dabei warnt der Zeichner davor, den Versprechungen der radikalen Linken auf den Leim zu gehen. Eine „gerechte“ Verteilung von Wohlstand und Produktionsmitteln würde die Not der arbeitenden Klasse nicht bzw. nur vorübergehend lindern, da diese nicht mit Geld umzugehen verstehe (vgl. den Dialog und die armselige Kleidung des Mannes rechts). Beurteilung der Aussage der Karikatur: Die Erfahrung des 20. Jahrhunderts hat gezeigt, dass eine gewisse staatliche Umverteilung durch ein progressives Steuersystem und einen Sozialstaat positive Folgen für die Wohlfahrt einer Gesellschaft hat – Verstaatlichung der Unternehmen und Planwirtschaft dagegen zu Wohlstandsverlusten führen. Tendenz: agitatorisch-propagandistische Karikatur. Die „Communisten“ und mit ihnen alle radikalen Demokraten werden als wirr, verlottert, arbeitsscheu (und deshalb arm), aufrührerisch (vgl. den Stock und die Jakobinermütze) und politisch unfähig dargestellt.
	DIDAKTISCH-METHODISCHE HINWEISE, ARBEITSANREGUNGEN 1 Erläutere die Sichtweise des Zeichners auf den Kommunismus. 2 Vergleiche danach die Zeichnung mit Karikatur 7.

7 Das rothe Gespenst des Jahres 1852

Urheberschaft	Anonym, Kladderadatsch, 22. Juni 1852
Beschreibung	Links im Bild weichen Napoleon III. und andere Vertreter des Ancien Régime, die Augen weit aufgerissen, entsetzt vor einer Vogelscheuche mit aufgesetzter Jakobinermütze und Kokarde zurück. Das „rothe Gespenst“ hält eine Art Rute in der Hand; hinter der Vogelscheuche liegen aufgetürmt Steine und Bretter. Rechts im Bild steht eine Gruppe einfach gekleideter Bürger (einer mit Vollbart), die eher belustigt auf die Vogelscheuche blicken.
Historischer Kontext	„Das rothe Gespenst“: 1848 veröffentlichen Marx und Engels das Kommunistische Manifest. Das Pamphlet beginnt mit den Worten „Ein Gespenst geht um in Europa, …“. Die Angst der Bürgerlichen und Konservativen vor der sozialistischen Revolution, angefeuert durch die Revolutionen 1830 und 1848, war eine der wirkmächtigsten Entwicklungen des 19. Jahrhunderts. Kaiser Napoleon III.: Seit 1848 Staatspräsident, entmachtete Louis Napoléon das Parlament 1851 in einem Putsch und ließ sich im Dezember 1852 zum erblichen Kaiser der Franzosen ausrufen. Damit war die Zweite Republik beendet und das Zweite Kaiserreich begann. Der Kaiser nannte sich fortan Napoléon III.
Deutung	Bei dieser Zeichnung handelt es sich um eine Schlüsselkarikatur, deren Bedeutung weit über den speziellen Kontext des Jahres 1852 hinausgeht. Die Angst vor der Revolution, also vor einem Umsturz der politischen und sozialen Verhältnisse (vgl. die aus Brettern und Steinen errichteten Barrikaden), war unter Adel und gehobenem Bürgertum (in der Karikatur die linke Personengruppe, unter ihnen der französische Kaiser Napoleon III.) seit 1789 sehr real und weit verbreitet. Allgemeines Wahlrecht, Gleichheit und Volksherrschaft assoziierten Königstreue und Besitzende pauschal mit Pöbelherrschaft, Enteignung, Guillotine und Bürgerkrieg. Die weit verbreitete Angst vor einer Radikalisierung der Revolution trug 1848/49 wesentlich zum Scheitern des Paulskirchenparlaments bei, ein Ereignis, das zum Veröffentlichungszeitpunkt gerade einmal drei Jahre zurückliegt. Aber auch in den Jahren danach war die Angst vor allem der bürgerlichen Klassen vor dem Kommunismus immer präsent und beeinflusste die Entscheidungen vieler Regierungen maßgeblich. Linke Politiker, Arbeiter und Besitzlose hatten naturgemäß weniger Angst vor dem „rothen Gespenst des Kommunismus“. In der Karikatur machen sie sich über die Angst der linken Personengruppe vor der Vogelscheuche lustig. Tendenz: Kommentierende Karikatur, die die Revolutionsfurcht der Bürgerlichen, Konservativen und Royalisten satirisch aufspießt. Tatsächlich stand Europa Mitte des Jahrhunderts trotz aller Unkenrufe der Konservativen keineswegs vor einem sozialistischen Umsturz (der erste erfolgreiche war die russische Oktoberrevolution 1917).

DIDAKTISCH-METHODISCHE HINWEISE, ARBEITSANREGUNGEN

1. Gib der Karikatur einen alternativen Titel.
2. Erläutere die Sichtweise des Zeichners auf den Kommunismus. Vergleiche die Zeichnung dabei auch mit Karikatur 6.

Das rothe Gespenst des Jahres 1852.

8 Wie der deutsche Michel die Nachtmütze wegwirft und sich vornimmt ins Freie zu gehen!

Urheberschaft	Wilhelm Storck, Leipzig 1848
Beschreibung	Im Zentrum der Zeichnung steht ein stämmiger junger Mann mit hellen Locken, auf dem Kopf trägt er eine Pickelhaube. Der deutsche Michel hockt auf dem Rand eines Bettes und ist im Begriff, seine Stiefel anzuziehen. Dabei blickt er nach rechts aus dem Fenster, vor dem drei bis vier Personen zu sehen sind. Während ein Geistlicher betet, wirken die übrigen ängstlich-erschrocken, ja, sie scheinen zu flehen. Weitere Details: Auf dem dicken Kopfkissen des Bettes befindet sich ein Hahn mit weit aufgerissenem Schnabel, daneben lehnt eine mächtige hölzerne Keule. Vor dem Bett liegt eine Schlafmütze und auf einem Hocker ein Mantel.
Historischer Kontext	Februar 1848: Die Revolution in Frankreich springt auf Österreich und Deutschland über.
Deutung	Der gallische Hahn hat den deutschen Michel aus seinem Schlaf geweckt: die Revolution ist von Frankreich aus nach Deutschland und Österreich übergeschwappt. Der Michel hat seine alte Schlafmütze zu Boden geschmissen und sie durch einen Soldatenhelm ersetzt. Er macht sich bereit, um mit der Keule unter den Vertretern des alten Regimes aufzuräumen – sie also ähnlich wie in Frankreich von der Macht zu vertreiben. Tendenz: Der Zeichner sympathisiert mit der Revolution. Er hofft, dass der deutsche Michel dem französischen Vorbild folgt und die Vertreter des Ancien Régime, für das er nur Verachtung übrighat (vgl. das Flehen und Wehklagen), hinweggefegt.
	DIDAKTISCH-METHODISCHE HINWEISE, ARBEITSANREGUNGEN 1 1789, 1830, 1848: Erläutere in einigen Sätzen, was in diesen Jahren in Frankreich vor sich ging und welche Folgen die Ereignisse für Europa hatten.

9 Auferstehung der Presse und Begräbnis der Zensur

Urheberschaft	Anton Elfinger, 1848
Beschreibung	Die Szene zeigt eine Beerdigung. Dem Trauerzug schreitet links eine große, starke Frau voran. Die „Presse" reckt eine mächtige Fackel empor, in deren Lichtschein das Wort „Aufklärung" zu lesen ist. Dabei tritt sie auf einen am Boden liegenden Drachen der „Finsterniss", der offensichtlich von drei Pfeilen erlegt worden ist. In der Bildmitte tragen vier Männer einen Sarg mit der Aufschrift „Censur"; auf dem Sarg erkennt man u.a. ein Schloss, eine Fessel, eine dunkle Brille, ein Tintenfass mit Feder sowie eine überdimensional große Schere. Drei der vier Männer tragen eine Brille, sie wirken recht gut gekleidet. Weitere Details: Rechts im Bild liegen ein (toter?) Hund, eine Schere und die zerstörte „Gedankenzoll-Schranke", über die ein „Grenzbote" schreitet. Dieser hat seine Kiepe schwer beladen mit Literatur verschiedener Autoren; auf dem obersten Buch thront eine angezündete Lampe. Im Bildvordergrund schließlich macht der Narr der „Caricatur", an dessen Bein eine gesprengte Fessel erkennbar ist, einen Kopfstand; daneben liegt ein noch qualmendes Weihrauchfass am Boden. Um die Fackel der „Aufklärung" fliegen Fledermäuse, außerdem wirbeln kleine Zettelchen durch die Luft („Veto!", „Auszuweisen" etc.).
Historischer Kontext	Karlsbader Beschlüsse von 1819: Diese waren ursprünglich auf fünf Jahre begrenzt, aber immer wieder verlängert worden. Presseerzeugnisse wurden rigoros unterdrückt. Aufhebung der Pressezensur 1848: Im Revolutionsjahr kam es zu einer Springflut an Presseneugründungen
Deutung	Jahrzehntelang war die politische Presse durch die Karlsbader Beschlüsse geknebelt worden (vgl. die „Gedankenzoll-Schranke" und das Schloss), Verleger und Autoren verfolgt und eingesperrt (vgl. Hund und Kette), ihre Publikationen zensiert (vgl. die Scheren) oder ganz verboten worden (vgl. die Zettelchen mit „Veto!", „Auszuweisen" etc.) Mit der erfolgreichen Revolution ist die politische Publizistik nun erneut „auferstanden": Das Licht der „Aufklärung" vertreibt nun auch (wieder) im deutschsprachigen Raum die „Mächte der Finsternis" (vgl. den Drachen und die Fledermäuse als Symbole für die Kräfte der Reaktion und das Weihrauchfass als Symbol für den anti-aufklärerischen Einfluss der Kirche). Einer der Sargträger (ein Journalist oder Autor) hält einen großen Füllfederhalter wie eine Waffe in der Hand, während „Presse" und „Karikatur" von ihren alten Fesseln befreit sind. Mit der „Censur" werden auch symbolisch die (Zensur-)Schere, ein Schloss und eine „Zwangsjacke" zu Grabe getragen: Journalisten und Schriftsteller werden nicht länger von „Hunden gejagt", die „Gedankenzoll-Schranke" ist zerbrochen, Wissen, Nachrichten und politische Meinungen dürfen wieder frei verbreitet und ausgetauscht werden. Tendenz: prorevolutionäre Karikatur, die den Sieg aufklärerischen Denkens im Zuge der Revolution von 1848 feiert und dabei die Bedeutung der Pressefreiheit besonders betont.

DIDAKTISCH-METHODISCHE HINWEISE, ARBEITSANREGUNGEN

1. Hebe in der Karikatur verwendete zeichnerische Symbole durch Pfeile/Einkreisen hervor und erläutere diese.
2. Erläutere, welche Rolle die Presse als „vierte Gewalt" im modernen Staat von heute spielt.

Tipp: Angesichts der Detailfülle der Karikatur empfiehlt es sich, anfangs einige Elemente abzudecken und die Abbildung Schritt für Schritt beschreiben zu lassen.

AUFERSTEHUNG DER PRESSE UND BEGRÄBNISS DER CENSUR.

10 Ernste und feste Haltung der Könige

Urheberschaft	Andreas Achenbach, in: Düsseldorfer Monatshefte, 1848
Beschreibung	Im Zentrum der Karikatur stehen ein knappes Dutzend gekrönter Häupter, die sich verzweifelt an ihre Kronen klammern. Einige unter ihnen weichen dabei vor dem Ansturm der zahlreichen Menschen zurück, die sie vom rechten Bildrand aus bedrängen: Diese teils einfach, teils in Frack und Zylinder gekleideten Personen schreien den Monarchen teilweise etwas zu und strecken ihnen Briefe und Papiere hin; einige wirken sehr aufgebracht und wütend. Weitere Details: Im linken Bildvordergrund stehen fünf Soldaten, die sich mit der Schulter zuckend ratlos umsehen. Über ihnen befindet sich ein korpulenter Mann (dessen Federschmuck und Fuß an einen Hahn erinnert). Diese Gestalt wendet sich, einen prall gefüllten Geldsack über die Schulter geworfen, nach links, wo ihn offensichtlich ein Boot erwartet. Dabei verliert er seine Krone; auch scheint er in seiner Eile einen Stuhl umgerissen zu haben. Während im Hintergrund die Sonne aufgeht, nähert sich von rechts ein riesiger Schwarm schwarzer Vögel den Monarchen und ihren Wappentieren (die nun ihrerseits die Flucht zu ergreifen scheinen).
Historischer Kontext	Februarrevolution: Nach dem Sieg der Revolution in Paris dankte der französische König Louis Philippe ab und ging ins englische Exil. Die Nachricht von der – erneuten – Französischen Revolution verbreitete sich wie ein Lauffeuer und löste in zahllosen europäischen Staaten Aufstände und einen „europäischen Völkerfrühling" aus.
Deutung	Die deutsche Märzrevolution wurde ausgelöst von der französischen Februarrevolution: Nachdem das Volk im Februar auf die Straße gegangen war und mit Demonstrationen ihrer Unzufriedenheit über die Monarchie Luft gemacht (und Petitionen überreicht) hatte, sah sich der feiste „Bürgerkönig" Louis Philippe (vgl. den „gallischen Hahn") zur Abdankung gezwungen und ging ins englische Exil (vgl. den umgestürzten Thron, die herunterfallende Krone und das Boot, das ihn über den Ärmelkanal bringen soll). Der Funke der Revolution sprang rasch in andere Teile Europas über. Während manche Bürger zwischen Sympathie mit den Aufständischen und Loyalität gegenüber der Monarchie noch „hin- und hergerissen" sind (vgl. den „gespaltenen" adeligen Beamten zwischen den Königen und den Protestanten in der Bildmitte), setzt das Volk nun überall seine Herrscher mit Protestmärschen, Protestnoten und liberalen Forderungen unter Druck (vgl. die Papierstücke). Während sich die Monarchen noch verzweifelt an ihre Kronen klammern, weichen ihre Wappentiere vor dem Ansturm der zahllosen Gegner bereits zurück. Auch das Militär wirkt ratlos, wie es mit dieser Situation umgehen soll: Die Soldaten greifen nicht ein und wirken verwirrt. Beurteilung: Der Karikaturist sympathisiert mit den berechtigten Forderungen und der Wut der Bürger auf die Fürsten. Er zeigt sich zuversichtlich, dass die „feste Haltung der Könige" nicht von Bestand sein wird und die Revolution am Ende siegt (vgl. auch die aufgehende Sonne links).

DIDAKTISCH-METHODISCHE HINWEISE, ARBEITSANREGUNGEN

1. Beschreibe deinem Sitznachbarn die vorliegende Karikatur. Achte dabei auch auf kleinste Details.
2. Diskutiere, inwieweit der Karikaturist für die eine oder die andere Seite Partei ergreift.
3. Notiere mindestens fünf Forderungen, die die Petitionen der Bürger enthalten könnten.

Ernste und feste Haltung der Könige.

11 Tentative de 1793

Urheberschaft	Flugblatt, März/April 1848
Beschreibung	Eine Mauer bzw. eine Tür teilt das Bild in zwei Hälften. Links klopft eine grimmig blickende Gestalt an die mächtige Holztür und spricht: „Mach auf, es ist deine Schwester von '93!“ Unter ihrer phrygischen Mütze züngeln Schlangen hervor, in der Rechten hält sie ein Schwert mit Totenkopfknauf. Im Hintergrund erkennt man zahlreiche brennende Gebäude (darunter wohl auch eine Kirche), eine ganze Reihe von Guillotinen sowie einen Schwarm schwarzer Vögel. Die rechte Bildhälfte wirkt deutlich heller und freundlicher. Hier stemmt sich eine in ein weißes Gewand gekleidete Frau mit beiden Händen gegen die Tür, die sie fest zuhält. Sie behauptet, keinen Schlüssel zu haben, dieser befände sich bei Monsieur Lamartine; woraufhin die Medusa flucht: „Zum Teufel! Dann wird es für mich schwierig, hereinzukommen!“ Im Bildhintergrund erkennt man Getreide, ein Zahnrad, einen Globus sowie ein Füllhorn, aus welchem Lebensmittel oder ähnliche Dinge strömen. Folgender Dialog entspannt sich: „Tact, tact, tact .../Qui va là ?/Ouvre, c'est ta sœur de 93/Ah ! je n'ai pas la clef,/Qui l'a donc ?/C'est Monsieur Lamartine/Ah diable ! il me sera difficile de passer“ Hinweis: Lamartine war nach der Flucht des Bürgerkönigs Louis Philippe führender Vertreter der (gemäßigten) provisorischen Regierung.
Historischer Kontext	Französische Revolution: In der Terrorphase von 1793 bis 1794 herrschte der von Robespierre dominierte Wohlfahrtsausschuss; die Guillotine war im Dauereinsatz.
Deutung	Der unbekannte Zeichner warnt angesichts der revolutionären Unruhen in Frankreich eindringlich vor einer Wiederkehr der Terrorherrschaft der Jakobiner. Die radikale (gemeint ist wohl auch: die soziale) Revolution ist für ihn Schreckgespenst, das er mit Bürgerkrieg, Lüge und Tod verbindet. Der radikale Atheismus und Antiklerikalismus der linken Revolutionäre stieß konservative Franzosen besonders ab (vgl. die brennende Kirche). Der Karikaturist fordert die Menschen auf, nicht auf die Versprechen der Radikalen hereinzufallen. Stattdessen müsse man das Land und den erreichten Wohlstand (vgl. das Füllhorn, das Getreide als Symbol für ausreichende Ernährung sowie das Zahnrad als Symbol für die beginnende Industrialisierung) schützen. Was die Aussage der Karikatur anbetrifft, sind zwei Interpretationen möglich: Interpretation a): Es handelt sich hier um eine eher konservative Position, die im Frühjahr 1848 in drastischer Art und Weise vor einer Fortsetzung bzw. Radikalisierung der revolutionären Ereignisse warnt. Interpretation b): Es handelt sich hier um eine liberale, bürgerliche Position in der Revolution von 1848, die den Sturz des Königs gutheißt (vgl. die Jakobinermütze der Marianne), aber zugleich eindringlich vor einer Rückkehr der Terrorphase der Französischen Revolution zwischen 1793 und 1794 warnt.

DIDAKTISCH-METHODISCHE HINWEISE, ARBEITSANREGUNGEN

1. Fasse die Aussage der Karikatur in ein bis zwei Sätzen zusammen.
2. Gib der Karikatur einen alternativen Titel.
3. Erörtere, welche der beiden Interpretationen du für überzeugender hältst.

12 Die Reichskutsche – hü oder hott

Urheberschaft	Anonym, in: Leuchtturm, Leipzig 1848
Beschreibung	Im Zentrum dieser sehr detailreichen Karikatur steht eine seltsame Kutsche. Die linke Hälfte der Kutsche ist reich verziert, u.a. mit Ornamenten und fürstlichen Wappen. Auf dem Kutschbock sitzt ein Offizier mit Marschallhut; hinter ihm zwei edel gekleidete Männer, die ihren Zweispitz unter den Arm geklemmt haben. Die rechte Hälfte der Kutsche ist demgegenüber schlicht gehalten. Der Kutscher trägt eine Jakobinermütze, der Mann hinter ihm Anzug und Zylinder. Auf dem Dach steht ein einfach gekleideter Mann (mit Heckerhut), der eine Trikolore (schwarz-rot-gold?) in der Hand hält. Beide Kutscher treiben „ihre“ Pferde mit der Peitsche an – in entgegengesetzter Richtung –, wobei die Pferde links schmuckvolles Zaumzeug tragen und aufrechter traben als die Pferde auf der rechten Seite. Letztere tragen ein schweres Arbeitskummet um den Hals und legen sich ordentlich „ins Geschirr“.
Historischer Kontext	Vergleiche Karikaturen 10 und 14.
Deutung	Die Karikatur visualisiert das politische Kräftemessen zwischen den Anhängern der alten Ordnung, Militär und Adel (links) und den Trägern der Revolution, dem einfachen Volk (vgl. den schlicht gestalteten Wagenteil, das schwere Arbeitskummet der Pferde), den radikalen Demokraten (vgl. Heckerhut, Deutschlandfahne und Jakobinermütze) und den bürgerlichen Liberalen (vgl. den Mann im Zylinder). Zum Zeitpunkt der Karikatur hält der Zeichner es noch nicht für entschieden, wer am Ende den Kampf um die Zukunft des Reiches (vgl. die Krone in der Symmetrieachse der Kutsche) gewinnen wird. Die Kutsche steht (immer noch) genau in der Bildmitte, keine Seite hat einen eindeutigen Vorteil. Deutlich wird jedoch, wie hart die Auseinandersetzung ist und dass die Revolutionäre sich gewaltig anstrengen müssen (vgl. die Haltung der Pferde). Vor allem die Waage in der Hand des Bürgers rechts (Symbol für Gerechtigkeit) und die große Deutschlandflagge deuten darauf hin, dass die Sympathie des Zeichners in der politischen Auseinandersetzung aufseiten der Revolution liegt. Tendenz: pro-revolutionäre Karikatur.

DIDAKTISCH-METHODISCHE HINWEISE, ARBEITSANREGUNGEN

1. Beschrifte die einzelnen Elemente der Karikatur.
2. Fasse die Aussage der Karikatur in ein bis zwei Sätzen zusammen.
3. Diskutiere, inwieweit der Karikaturist für die eine oder die andere Seite Partei ergreift.

13 „Ludewig, gib acht aufs Kind; ich gehe in meinen Klub."

Urheberschaft	Anonym, Freie Blätter, 1848
Beschreibung	In der linken Bildhälfte füttert ein Mann mit Zipfelmütze ein kleines Kind, welches auf seinem Schoß sitzt. Er ist eher bieder angezogen, trägt eine Brille sowie eine Zipfelmütze, auf der zwei kleine Fähnchen stecken. Hinter ihm an der Wand hängt ein Säbel sowie ein Hut mit (Freiheits-) Kokarde. Rechts von ihm legt sich eine Frau einen Schal um. Sie trägt ein figurbetontes Korsett und eine Haube, in der Hand hält sie eine Schriftrolle. Mit ernstem Gesichtsausdruck sagt sie: „Ludewig, gib acht aufs Kind; ich gehe in meinen Klub." Der Mann erwidert: „Schön, mein Kind. Wann kommst du nach Hause?" Darauf die Frau: „Das wird sich finden und kümmert dich nicht; geh du nur zu Bett!" Ganz rechts, im Schatten der geöffneten Tür, steht ein junger Mann in Frack und Zylinder und späht gut gelaunt unbemerkt in den Raum hinein.
Historischer Kontext	**Quelle** *1848 wurde der „Wiener demokratische Frauenverein" gegründete. In § 2 seiner Statuten heißt es:* „Die Aufgabe des Vereins ist eine dreifache: Eine politische, eine soziale und eine humane: a) eine politische, um sich durch Lektüre und belehrende Vorträge über das Wohl des Vaterlandes aufzuklären, das demokratische Prinzip in allen weiblichen Kreisen zu verbreiten, die Freiheitsliebe schon bei dem Beginne der Erziehung in der Kinderbrust anzufachen und zugleich das deutsche Element zu kräftigen; b) eine soziale, um die Gleichberechtigung der Frauen anzustreben durch Gründung öffentlicher Volksschulen und höherer Bildungsanstalten, den weiblichen Unterricht umzugestalten und die Lage der ärmeren Mädchen durch liebevolle Erhebung zu veredeln; c) eine humane, um den tiefgefühlten Dank der Frauen Wiens für die Segnungen der Freiheit durch sorgsame Verpflegung aller Opfer der Revolution auszusprechen."
Deutung	Für die überwältigende Mehrheit der Deutschen im 19. Jahrhundert und auch heute noch in vielen Teilen der Welt absolut undenkbar: Während sich der Mann zu Haus um die Kinder kümmert, macht die Frau Politik. Politisch engagierten Frauen warf man damals vor, sie würden Kinder und Familie vernachlässigen – eine schwere Sünde, dies sei schließlich ihre ureigene Aufgabe. Die Frau in der Karikatur sündigt sogar doppelt – nicht nur überlässt sie ihrem Ehemann ihr Kleinkind, sie betrügt ihn auch noch mit einem jungen, gut aussehenden Demokraten. Das kommt nach Ansicht des Zeichners dabei heraus, wenn Frauen Politik machen. Den Ehemann stellt er als dummen, „gehörnten" Michel dar (die Hörner scheinen aus schwarz-rot-goldenen Flaggen zu bestehen), Säbel und Freiheitskokarde „hängen am Nagel"). Tendenz: antirevolutionär; die Anhänger der Revolution und der Frauenemanzipation werden als ahnungslos und weiblich (der Michel) bzw. ehebrecherisch und unmoralisch dargestellt (die Frau und der junge Revolutionär).

DIDAKTISCH-METHODISCHE HINWEISE, ARBEITSANREGUNGEN

1. Recherchiere zur Einführung des Frauenwahlrechts in Deutschland, der Schweiz und Frankreich.
2. Recherchiere zur politischen Aktivität von Frauen in Ländern wie Afghanistan und Saudi-Arabien in der heutigen Zeit.

— Ludewig, gib acht aufs Kind; ich gehe in meinen Klub.
— Schön, mein Kind. Wann kommst du nach Hause?

14 Der Preußische Adler

Urheberschaft	Flugblatt von R. Genée, Berlin, 1848
Beschreibung	Im Zentrum der Karikatur steht ein massives Holzkreuz, an das ein mächtiger Adler genagelt wurde. Es ist unklar, ob der Adler noch lebt, seine Kopfhaltung ist in jedem Fall unnatürlich, schmerzverzerrt. Links im Bild steht ein einfach gekleideter Mann auf einem überdimensionalen Bierkrug und stutzt dem „Aar" die Federn; rechts schneidet ihm ein österreichischer Soldat die Klauen; und unten sägt ein teuflisch dreinblickender Mann am Kreuzesstamm. Weitere Details: Am Boden liegen Zepter und Reichsapfel, im Bildhintergrund erkennt man eine Stadt und rechts darüber tritt Friedrich der Große drohend aus den Wolken. Die Bildunterschrift lautet: „O Preußen-Aar, ... wer hat in Staub getreten deine Krone? Wer weidet sich an dir mit frechem Hohne? Wer hat der Herrschaft Scepter dir zersplittert? Sie selber sind's, die einst vor dir gezittert. Nehmt euch in Acht! Noch dürft ihr ihm nicht trauen! Wenn er sich losreißt – scharf noch sind die Klauen! Und raubtet ihr auch frevelnd sein Gefieder – Nehmt euch in Acht: Die Schwingen wachsen wieder."
Historischer Kontext	Vergleiche Karikaturen 8ff.
Deutung	Der Karikaturist verurteilt empört die Revolution: Während das bierselige Volk dem preußischen Adler die Machtmittel bzw. -symbole genommen hat und ihm noch weiter „die Flügel stutzt" (also die Machtbefugnisse der Monarchie einschränkt), wollen radikale Demokraten (vgl. die Teufelsgestalt unten) die alte Ordnung komplett „umstürzen" (und durch eine republikanische Regierung ersetzen). Österreich nutze diese Situation aus, um seinen mächtigen Konkurrenten zu schwächen. Aber wartet nur, scheint der Zeichner den Revolutionären in Gestalt des legendären Friedrich II. zuzurufen, noch habt ihr nicht gewonnen (vgl. auch den Begleittext: „Nehmt euch in Acht: Die Schwingen wachsen wieder")! Tendenz: antirevolutionäre Karikatur, die sich an die konservativen Anhänger der preußischen Monarchie richtet und diese zur Vorbereitung der Konterrevolution aufruft.

DIDAKTISCH-METHODISCHE HINWEISE, ARBEITSANREGUNGEN

1. Diskutiere, inwieweit der Karikaturist für die eine oder die andere Seite Partei ergreift.
2. Beurteile, inwieweit der Zeichner ein akkurates Bild der dargestellten Situation bzw. Thematik zeichnet.
3. Gib der Karikatur einen alternativen Titel.

Der
Preussische Adler.

An's Vaterland, an's theure, schließ' Dich an,
Das halte fest mit Deinem ganzen Herzen.

O Preußen-Aar, der einst die scharfen Klauen
Dem Doppel-Aar hat ins Genick gehauen,
Der Du bei Zorndorf und bei Lowositz
Vorangetragen hast des Zornes Blitz;

Der Du im Schlachtgewühl die Flügel spreiztest
Und kühn der Franken Adler niederbeiztest,
Der stolz der Knechtschaft und der Dämmrung Flor
Durchbrochen mit der Freiheit Meteor,

Hoch in der Sonne glänzte Dein Gefieder
Und scharfen Blickes herrschtest Du hernieder —
Uud nun? — und nun! wie ist Dein Schwung gelähmt!
Wie hat man Dich gekettet und gezähmt?

Wer hat in Staub getreten Deine Krone?
Wer weidet sich an Dir mit frechem Hohne?
Wer hat der Herrschaft Scepter Dir zersplittert?
Sie selber sind's, die einst vor Dir gezittert.

**Nehmt euch in Acht! noch dürft ihr ihm nicht trauen!
Wenn er sich losreißt — scharf noch sind die Klauen!
Und rauftet ihr auch frevelnd sein Gefieder —
Nehmt euch in Acht: Die Schwingen wachsen wieder.**

15 Sonst. Jetzt. (oder alte und neue Cavallerie)

Urheberschaft	Anonym, 1848
Beschreibung	In der linken Bildhälfte, die mit „Sonst" überschrieben ist, „reitet" ein gekrönter Monarch, dem zahlreiche Orden ans Revers geheftet sind und welcher eine Reitpeitsche unter den Arm geklemmt hat, auf einem stämmigen, einfach gekleideten Mann (der deutsche Michel). Diesem sind die Hände auf den Rücken gefesselt; Steigbügel hängen ihm um den Hals. Der Reiter krallt sich zudem in des Michels Haar fest und blickt nach oben gen Himmel. Die rechte Bildhälfte ist mit dem Wörtchen „Jetzt" überschrieben und zeigt die gleichen Personen in umgekehrter Rolle: Nun reitet der einfach gekleidete Michel auf dem Fürsten und macht dabei seinem Gegenüber eine lange Nase, wobei beide genau auf Augenhöhe sind. Der König trägt noch immer eine Krone; die Hände hält er zur Bittgeste gefaltet. Der Begleittext lautet: „Michel, der kräftige Bursche, wurde gar lange Zeit als gemütliches Reitpferd benützt; er trug in stiller Demuth und entsetzlicher Ergebenheit seine mannigfachen hohen Reiter und wagte nie auszuschlagen; auch waren ihm zur größten Sicherheit der Kavalleristen stets die Hände auf den Rücken gebunden, dennoch lächelte er immer in vaterländischer Unschuld und Einfalt. Endlich aber traf ihn der liebevolle Sporn des gnädigen Absatzes zu hart, Michel ward wild und sprengte in Wut seine Fesseln, warf seinen Peiniger ab, der zitternd vor ihm stand und um Entschuldigung bat. Michel aber im ersten Zorn sprang auf den schmalen Rücken des hohen Gönners und schrie: Wurst, wieder Wurst! – Ach, der grausame, schwere Michel! Er wird doch so menschlich sein und auf vieles Verlangen bald absteigen."
Historischer Kontext	Vergleiche Karikaturen 8 ff.
Deutung	Die Karikatur greift eine Bildmetapher aus der Französischen Revolution auf. Links im Bild sitzt der König „fest im Sattel", während der Michel bzw. das deutsche Volk unterdrückt (vgl. die gebundenen Hände) und durch die fürstlichen Machtmittel (Peitsche und Sporen: Militär, Polizei, Kontrolle über die Justiz etc.) bedroht werden. Mit der Märzrevolution hat sich diese Situation komplett gewendet: „Jetzt" ist der deutsche Michel obenauf – und macht den Fürsten hämisch eine lange Nase. Der abgebildete Monarch trägt zwar seine Krone noch, aber nun ist er es, der tief gebückt den „schweren Michel" tragen muss. Tendenz: pro-revolutionär. Allerdings kritisiert der Zeichner auch die „Einfalt" des deutschen Michel, der zu wenig überlegt handelt, lange Zeit in „stiller Demuth und entsetzlicher Ergebenheit" alles über sich ergehen ließ (im Grunde also obrigkeitshörig ist) und dem es weniger um die Errichtung eines freiheitlichen Staates als um die kurzfristige Erfüllung emotionaler (Schadenfreude, Genugtuung) und materieller Bedürfnisse („Wurst") ging. Er prophezeit daher auch, dass der Michel auf „vieles Verlangen bald absteigen" werde – dass also, sollten die Demokraten, Republikaner und Liberalen mit der Revolution nicht bald ernst machen, die Fürsten wieder die Oberhand gewinnen.

DIDAKTISCH-METHODISCHE HINWEISE, ARBEITSANREGUNGEN

1. Beschreibe deinem Sitznachbarn die vorliegende Karikatur. Achte dabei auch auf kleinste Details.
2. Notiere dir Fragen zur vorliegenden Karikatur.
3. Untersuche auch den Begleittext und arbeite heraus, wie der Zeichner den deutschen Michel beurteilt.

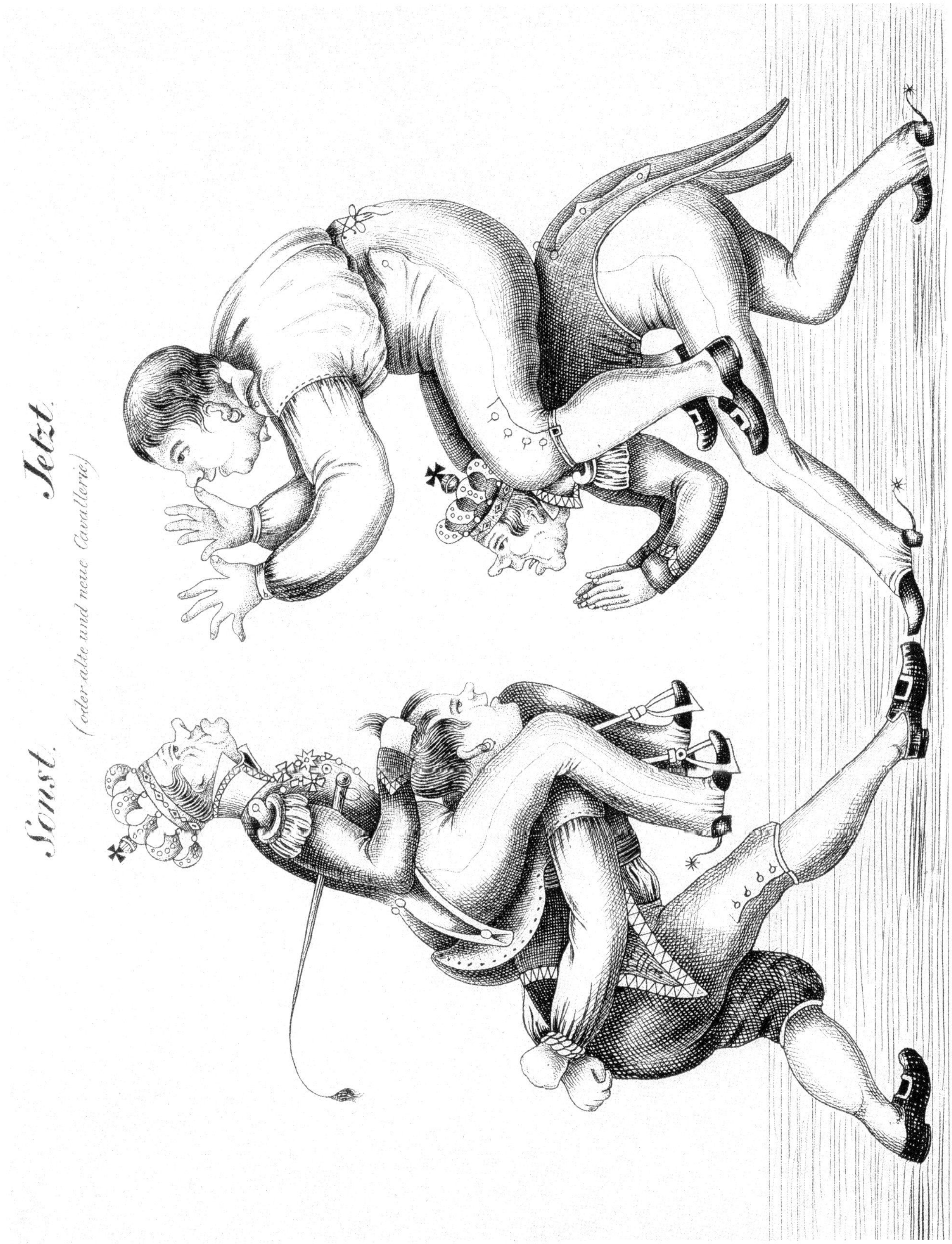
Sonst.
Jetzt.
(oder alte und neue Cavallerie)

16 Neue Rheinische Zeitung und Kreuzzeitung

Urheberschaft	Anonym, Leipziger Illustrierte Zeitung, 1849
Beschreibung	Links im Bild steht ein schwarz gekleideter Mann mit „wildem" Vollbart und Heckerhut und liest in der Neuen Rheinischen Zeitung. Rechts neben ihm steht ein Herr mit Zylinder, der mit einem langen hellen Mantel bekleidet ist und einen Regenschirm mit sich führt. Dieser liest in der Kreuzzeitung. Beide wenden einander den Rücken zu. In die Lektüre vertieft, scheint keiner den anderen zu bemerken. Die Bildunterschrift lautet: „Kreuz-Zeitung. In Buxtehude haben am 18. März Unruhen stattgefunden. Die verruchten Demokraten warfen bei einigen missliebigen Beamten die Fenster ein und lieferten dadurch aufs Neue den Beweis, daß wir nicht eher Frieden im Lande haben werden, als bis der Schlange der Demokratie der Kopf zertreten worden ist. Neue Rheinische Zeitung. In Buxtehude haben am 18. März Unruhen stattgefunden. Die verruchten Reactionaire [Reaktionäre] haben einige Bummler angestellt, welche bei mehreren der freisinnigen Bürger der Stadt die Fenster einwerfen mußten, um Erbitterung unter der Demokratie zu erregen und dieselbe zu einem Putsch zu reizen; sie hatten aber falsch gerechnet und lieferten nur einen neuen Beweis, daß wir nicht eher Frieden im Lande haben werden, als bis der Schlange der Reaktion der Kopf zertreten worden ist."
Historischer Kontext	**Quelle** *Engels schrieb über die von Karl Marx geleitete Neuen Rheinischen Zeitung:* „Wir hatten lauter verächtliche Gegner und behandelten sie ausnahmslos mit der äußersten Verachtung. Das konspirierende Königtum, die Kamarilla, der Adel, die „Kreuz-Zeitung", die gesamte „Reaktion", über die der Philister sich sittlich entrüstete – wir behandelten sie nur mit Hohn und Spott. Aber nicht minder auch die durch die Revolution aufgekommenen neuen Götzen: die Märzminister, die Frankfurter und Berliner Versammlung, Rechte wie Linke darin. Gleich die erste Nummer begann mit einem Artikel, der die Nichtigkeit des Frankfurter Parlamentes, die Zwecklosigkeit seiner langatmigen Reden, die Überflüssigkeit seiner feigen Beschlüsse verspottete. Er kostete uns die Hälfte der Aktionäre. Das Frankfurter Parlament war nicht einmal ein Debattierklub; hier wurde fast gar nicht debattiert, sondern meist nur fertig mitgebrachte akademische Abhandlungen abgeleiert und Beschlüsse gefaßt, die den deutschen Philister begeistern sollten, um die sich aber sonst kein Mensch kümmerte." Kreuzzeitung: Um den zahlreichen linken und liberalen Neugründungen nach dem Einzug der Pressefreiheit etwas entgegenzusetzen, gründeten konservative Kreise im Revolutionsjahr die „Neue Preußische Zeitung". Die erste Ausgabe des bald nur noch „Kreuzzeitung" genannten Blattes (die Zeitung trug ein Eisernes Kreuz im Schriftzug) erschien am 30. Juni 1848.
Deutung	Die Karikatur verweist einerseits auf das nach Einführung der Pressefreiheit aufblühende Zeitungswesen und die Politisierung breiter Bevölkerungskreise seit März 1848; andererseits auf die tiefen, unversöhnlichen Gegensätze zwischen „Demokraten" und königstreuen Konservativen. Während die Neue Rheinische Zeitung mit ihrem Chefredakteur Karl Marx politisch weit links stand, war die „Neue Preußische Zeitung" (Kreuzzeitung) das Sprachrohr der Anhänger des Ancien Régime. Demgegenüber scheint die Leipziger Illustrierte Zeitung, in der die Karikatur veröffentlicht wurde, eher einen Kurs der Mitte verfolgt zu haben. Sie ergreift im Meinungsstreit nicht eindeutig Partei, wobei der konservative „Bürger" rechts im Gegensatz zu dem Demokraten links allerdings weniger vorteilhaft, „spießiger" und missmutig dargestellt wird.

DIDAKTISCH-METHODISCHE HINWEISE, ARBEITSANREGUNGEN

1. Fasse die Aussage der Karikatur in ein bis zwei Sätzen zusammen.

Neue Rheinische Zeitung
Neue Preußische Zeitung

17 Der Bau unserer Grundrechte

Urheberschaft	Fliegende Blätter, September 1848
Beschreibung	Die Karikatur zeigt zahllose Schnecken, die alle an einem Bauwerk arbeiten: Sie rollen, tragen und heben Steine. Vier bis fünf der mit dem §-Zeichen bzw. dem Buchstaben „A“ beschrifteten Steine liegen bereits an Ort und Stelle; zwei davon fügen sich zu dem Wort „Grundrechte“ zusammen. Weitere Details: Hinter dem Fundament steht ein Rednerpult, auf dem neben einer Uhr eine doppelköpfige Schnecke abgebildet ist; links ein Berg („Verfassung“); vorne rechts ein Krug mit „Apfelwein“ sowie eine Art Schlitten (beschriftet mit „namentliche Abstimmung“); oben rechts ein Mann mit Bart, Umhang und (Hecker-)Hut, der „Vorwärts!“ ruft.
Historischer Kontext	Gegenrevolution: In den Monaten nach der Konstituierung der Paulskirchen-Versammlung drehte sich langsam die öffentliche Stimmung. Immer mehr Bürger fürchteten sich vor einer möglichen sozialen Revolution. Das Parlament zeigte sich in vielen Fragen uneinig, gleichzeitig fehlten ihm die Machtmittel, um getroffene Beschlüsse auch umzusetzen. Die alten Mächte nutzten währenddessen die Zeit zur Vorbereitung der Gegenrevolution. Apfelwein: Ein in Frankfurt beliebtes Getränk, das in den Klubräumen der Restaurants, wo sich die einzelnen Abgeordneten zu („Partei“-)Versammlungen trafen, serviert wurde. Grundrechte: Mit dem Beschluss der Nationalversammlung vom 21. Dezember 1848 erlangten zum ersten Mal individuelle und staatsbürgerliche Freiheitsrechte Gesetzeskraft in Deutschland. Das „Gesetz, betreffend die Grundrechte des deutschen Volks“, trat am 28. Dezember 1848 nach seiner Verkündung in Kraft und sollte das rechtsstaatliche und freiheitliche Fundament des zu schaffenden deutschen Nationalstaates bilden.
Deutung	Die seit Mai 1848 tagenden Abgeordneten der Paulskirche hatte sich mit der Formulierung von grundlegenden Menschen- und Bürgerrechten sowie der Verabschiedung einer Verfassung eine eminent wichtige, jedoch auch komplexe und zeitaufwendige Aufgabe gestellt. Dabei banden auch die Auseinandersetzungen um die richtige Staatsform sowie um die Frage einer groß- oder kleindeutschen Lösung erhebliche Ressourcen (die u. U. an anderer Stelle besser eingesetzt worden wären). Zahlreiche Änderungs- und Ergänzungsanträge („Amendments“) sowie verfahrenstechnische Dinge wie „namentliche Abstimmungen“ verzögerten die Arbeit des Parlaments (nicht nur) an den Grundrechten weiter. Tendenz: Der Zeichner wirft den Abgeordneten ihr „schneckenhaftes“ Tempo vor. Während sie mit der Einigung auf die Grundrechte nur sehr langsam vorankommen, stehe ihnen mit der Verabschiedung einer Verfassung (vgl. den Steinbruch links) eine noch größere Aufgabe erst noch bevor. Manch ein Volksvertreter, so der Karikaturist, würde zudem in den Frankfurter Gaststätten, wo sich die Fraktionen trafen, zu stark dem „Apfelwein“ zusprechen. Der Zeichner scheint mit den radikalen Demokraten Heckers und Struve zu sympathisieren. Mit ihnen ruft er den Parlamentariern zu: „Vorwärts!“ und indirekt wohl auch „Errichtet endlich die Republik, von der wir schon so lange geträumt haben!“
	DIDAKTISCH-METHODISCHE HINWEISE, ARBEITSANREGUNGEN **1** Hebe die einzelnen Elemente der Karikatur durch Pfeile/Einkreisen hervor und erläutere diese. **2** Ordne den Zeichner politisch ein.

Der Bau unsrer Grundrechte.
VORWÄRTS!
AMENDEMENT
GRUNDRECHTE
REICHSVERFASSUNG!
NAMENTLICHE ABSTIMMUNG.
APFELWEIN.

18 Bewerbung um die deutsche Königskrone

Urheberschaft

Anonyme Karikatur aus Leipzig, 1849

Beschreibung

Im Zentrum der Karikatur steht ein überdimensional großer Mann. Er ist einfach gekleidet, trägt Hemd und Weste sowie auf dem Kopf eine Zipfelmütze (an der eine Kokarde befestigt ist). Vor seiner Brust hält er mit beiden Händen eine mächtige „Königskrone". Dabei blickt er, die Zunge zwischen den Lippen, über seine rechte Schulter. Dort steht auf einer Leiter ein uniformierter Fürst (der preußische König Friedrich Wilhelm IV.). Der König hält in der linken Hand eine große Deutschlandfahne, mit der rechten greift er in Richtung Krone. Unterhalb des Michels stürmen weitere Monarchen heran, die Arme emporgerissen. Viele stehen auf Zehenspitzen und strecken sich nach oben; zwei von ihnen sind in einen handfesten Streit verwickelt.

Historischer Kontext

27. März 1849: Die Frankfurter Nationalversammlung verabschiedet die Reichsverfassung.

28. März 1849: Mit 290 Stimmen – bei 248 Enthaltungen – wählen die Abgeordneten der Paulskirche König Friedrich Wilhelm IV. von Preußen zum deutschen Kaiser.

3. April 1849: Friedrich Wilhelm IV. empfängt eine Delegation der Frankfurter Nationalversammlung (Kaiser-Deputation), welche ihm die Kaiserkrone anträgt.

14. April 1849: Im Bundestag stimmen 28 deutsche Staaten der Reichsverfassung und der Kaiserwahl zu; die Entscheidung der vier deutschen Königreiche steht noch aus.

Quelle

Friedrich Wilhelm IV. in einem Brief am 13. Dezember 1848:

„Einen solchen imaginären Reif, aus Dreck und Letten gebacken, soll ein legitimer König von Gottes Gnaden und nun gar der König von Preußen sich geben lassen, der den Segen hat, wenn auch nicht die älteste, doch die edelste Krone, die Niemand gestohlen worden ist, zu tragen? ... Ich sage es Ihnen rund heraus: Soll die tausendjährige Krone deutscher Nation, die 42 Jahre geruht hat, wieder einmal vergeben werden, so bin ich es und meines Gleichen, die sie vergeben werden. Und wehe dem, der sich anmaßt, was ihm nicht zukommt!"

Deutung

In der Darstellung des Karikaturisten „prügeln" sich die deutschen Fürsten darum, wer die Kaiserkrone tragen darf. Die größten Chancen scheint der preußische König (auf der Leiter) zu besitzen. Dass Friedrich Wilhelm IV. eine Krone „aus der Hand des Volkes" jedoch entschieden ablehnt, ahnt der Karikaturist zu diesem Zeitpunkt offenbar noch nicht. In seiner Zeichnung überlegt der deutsche Michel, ob er dem preußischen König die Krone reichen soll oder ob er sich sogar selbst krönen sollte.

Tendenz: pro-revolutionäre Karikatur. Der Zeichner scheint mit den Demokraten bzw. den Liberalen zu sympathisieren. Betrachtet man die Größenverhältnisse (winzige Fürsten und riesiger Michel), kann es für ihn eigentlich nur eine Antwort auf die Frage nach der Königskrone geben: Der deutsche Michel muss sich selbst die Krone aufsetzen, Deutschland muss eine Republik werden. Der Michel, nicht die gekrönten Häupter, sind für ihn der Souverän.

DIDAKTISCH-METHODISCHE HINWEISE, ARBEITSANREGUNGEN

Idee: Galeriegang; die Schüler bearbeiten in Gruppen nacheinander sechs Karikaturen zum Thema.

Bewerbung um die deutsche Königskrone.

19 Wat heulst'n kleener Hampelmann?

Urheberschaft	Ferdinand Schröder, Düsseldorfer Monatshefte, April 1849
Beschreibung	Eine große Frau mit Pickelhaube, umgehängter Schürze und einem Schild, welches einen Adler ziert (Borussia – Personifikation Preußens), wendet sich in Berliner Dialekt an einen nachlässig gekleideten Liliputaner (Heinrich von Gagern): „Wat heulst'n kleener Hampelmann?" Der kleine Mann mit den nackten Füßen reibt sich die Augen und antwortet: „Ick habe Ihr'n Kleenen 'ne Krone jeschnitzt, nu will er se nich!" Rechts ist ein kleiner, dicker, schelmisch grinsender Gassenjunge zu sehen, der ebenfalls eine Pickelhaube trägt und mit einem Bären spielt (der hält eine kleine Peitsche in der Hand). So wie Borussia hat auch er eine gerötete Nase. Weitere Details: Im Bildhintergrund steht eine Statue mit Schild (verziert mit einem Doppeladler) und Schwert, aber ohne Kopf vor einer hohen Mauer. Hinter der Mauer geht die (rote) Abendsonne unter. Im Bildvordergrund: ein Kartenhaus, eine Krone, ein Kreisel und der dazugehörige Stock.
Historischer Kontext	Ferdinand Schröder: Schröder war Augenarzt und vom 26. Mai bis 18. Juni 1849 als Mitglied der Fraktion „Deutscher Hof" Abgeordneter im Frankfurter Rumpfparlament. Daneben war er seit Ende der 1840er-Jahre immer wieder als Karikaturist tätig; hauptsächlich arbeitete er für die „Fliegenden Blätter", den „Kladderadatsch" und die „Düsseldorfer Monatshefte". 3. April 1849: Die Paulskirchen-Delegation um Eduard von Simson bietet Friedrich Wilhelm IV. die deutsche Kaiserkrone an. 28. April: Der preußische König lehnt die Kaiserkrone endgültig ab.
Deutung	Die Karikatur muss kurz nach dem 28. April 1849 erschienen sein. Nach der Ablehnung der Kaiserkrone (vgl. die kopflose Statue der Germania) machen sich Borussia, Friedrich Wilhelm IV. (rechts) und der Zeichner über den „kleinen Heinrich" lustig. Gagerns „Spiel" (vgl. den Kreisel) ist aus: Die Pläne des Parlaments für den zukünftigen Staat drohen „wie ein Kartenhaus" in sich zusammenzufallen (vgl. auch die untergehende Sonne). Der preußische König, der den „russischen Bären" streichelt – das Zarenreich hatte die Revolution in Osteuropa unterdrückt (vgl. die Peitsche) und bei einer Annahme der deutschen Krone mit Intervention gedroht –, wirkt schadenfroh. Die Tatsache, dass Schröder keinen der drei Akteure besonders vorteilhaft darstellt (vgl. auch die roten Nasen, die auf Alkoholmissbrauch hinweisen), weist darauf hin, dass die Karikatur eine doppelte Kritik von links ist: erstens am preußischen König, der für die Volksvertreter nur Verachtung übrighat und sich mit dem absolutistisch-feudalistischen Russland einlässt; zweitens aber auch an von Gagern und der monarchistischen Mehrheit in der Paulskirche, die die Etablierung einer Republik nicht in Erwägung zieht (und sich durch die brüske Ablehnung der Krone durch Friedrich Wilhelm der Lächerlichkeit preisgibt. Schröder schien zudem Anhänger der „großdeutschen Lösung" gewesen zu sein. Darauf deutet seine Darstellung der kopflosen Germania (ihr Schild ziert einen Doppeladler) sowie der weiße Fleck an der Mauer hin, der in etwa der Karte des späteren Deutschen Reichs („kleindeutsche Lösung") entspricht.
	DIDAKTISCH-METHODISCHE HINWEISE, ARBEITSANREGUNGEN *Idee:* Galeriegang

20 Andere Zeiten, andere Sitten!

Urheberschaft	Deutsche Reichsbremse (Beiblatt zum Leuchtturm), Leipzig, März 1849 (?)
Beschreibung	Die Karikatur ist zweigeteilt. Unter der Bildunterschrift „Am 22. März 1848: Hut ab!“ sieht man links einen stämmigen, nicht sonderlich gutgelaunten Fürsten (Friedrich Wilhelm IV.), der sich von einem Balkon herab vor einem vorbeiziehenden Trauerzug verbeugt. Die linke Hand aufs Herz gelegt, hält er in der rechten seine Pickelhaube. Der mit drei Kränzen geschmückte Sarg wird von vier Männern getragen, von denen zwei einen Heckerhut, einer einen Zylinder und einer die Schiebermütze eines Arbeiters auf dem Kopf haben. Dabei reckt der Mann ganz links seine geballte Faust in die Höhe, Richtung Balkon. Im zweiten Bild („Am 26. Februar 1849: Hüte ab!“) steht der König erhobenen Hauptes auf einer Art Thron. Blick und Haltung signalisieren Selbstbewusstsein; die Pickelhaube trägt er nun wieder auf dem Kopf. Den rechten Arm lässig in die Hüfte gestützt, umfasst er mit der linken Hand ein Blatt aufgerollten Papiers. Vor ihm stehen ergeben – die Köpfe gesenkt – sechs gut gekleidete Männer, von denen zwei Uniform tragen (vgl. auch die Epauletten).
Historischer Kontext	22. März 1848: Nach den revolutionären Unruhen am 18. und 19. März huldigt der König den mehr als 200 „Märzgefallenen“. 5. Dezember 1848: Nach der Verlegung der preußischen Nationalversammlung nach Brandenburg im November erfolgte am 5. Dezember ihre Auflösung. Am gleichen Tag verkündete Friedrich Wilhelm IV. eine Verfassung „von oben“. 22. Januar 1849: Wahlen für die preußische Volksvertretung (Zweite Kammer) nach indirektem, gleichem Wahlrecht. 26. Februar 1849: Der gewählte Preußische Landtag tritt zusammen.
Deutung	Der Zeichner kommentiert in dieser Doppelkarikatur bitter die Entwicklung der Revolution in Preußen. Zollte der König den mehr als 200 „Märzgefallenen“ am 21. und 22. März noch seinen Respekt, indem er sich in einer Proklamation zur deutschen Einheit und Freiheit bekannte („Ich habe heute die alten deutschen Farben angenommen und Mich und Mein Volk unter das ehrwürdige Banner des Deutschen Reiches gestellt. Preußen geht fortan in Deutschland auf“), so hatte sich das Blatt Ende des Jahres komplett gewendet (vgl. den Titel der Karikatur). Alle bisherigen Zugeständnisse Friedrich Wilhelms IV. waren nur taktischer Natur. Als der revolutionäre Elan nachließ und er im Volk seine Massenunterstützung zunehmend verlor, nutzte der König die Chance, um das alte Kräfteverhältnis wiederherzustellen. Zwar wurde auf Grundlage der oktroyierten Verfassung nach der Auflösung der Nationalversammlung ein neuer Landtag gewählt, der am 26. Februar 1849 erstmals zusammentrat. Aus Sicht des Zeichners war dieser wenig repräsentativ zusammengesetzt (vgl. die Uniformierten und Adeligen rechts), vertrat nicht die Sache des Volkes (im Unterschied zu den Männern im linken Bild) und zeigte sich gegenüber dem König unterwürfig. Friedrich Wilhelm IV. war dabei selbst das auf diese Weise gewählte Parlament immer noch zu liberal, sodass er die Kammer im Mai 1849 erneut auflöste. Das bald eingeführte Dreiklassenwahlrecht beendete das gleiche Wahlrecht: Die Wähler wurden nun nach Höhe ihrer Steuerleistung in drei Abteilungen (Klassen) eingeteilt. Ihre Stimmen hatten so ein sehr unterschiedliches Gewicht.

DIDAKTISCH-METHODISCHE HINWEISE, ARBEITSANREGUNGEN

Idee: Zunächst nur die eine Hälfte der Zeichnung präsentieren und die Schüler über den Inhalt einer möglichen Folgekarikatur spekulieren lassen.

Am 22. März 1848. Hut ab!

Am 26. Februar 1849. Hüte ab!

21 „Wie der deutsche Michel alles wieder von sich gibt“

Urheberschaft	Adam Ernst Schalck, Berlin 1849
Beschreibung	Im Zentrum der Karikatur steht ein Wanderer mit unter den Arm geklemmtem Wanderstock und Zipfelmütze. An einen Grenzpfahl mit der Aufschrift „Berlin“ gelehnt, hält sich der deutsche Michel den Kopf und erbricht mehrere Seiten Papier („Volkssouverainität, Pressfreiheit, Volksbewaffnung [und] Versammlungsrecht“). In seiner rechten Hand hält er eine Meerschaumpfeife, auf der ein preußischer Offizier mit Pickelhaube und die Aufschrift „Deutscher Kaiser“ abgebildet sind. Im Bildhintergrund ist ein sich entfernender Reiter, ein langer Zaun sowie die Silhouette der Paulskirche zu erkennen.
Historischer Kontext	Ende Oktober 1848: Niederschlagung der Revolution in Wien; 9. November: Standrechtliche Erschießung Robert Blums. 2. April 1849: Empfang der Frankfurter Deputation durch den preußischen König Friedrich Wilhelm IV. 14. April: Anerkennung der deutschen Reichsverfassung durch 28 kleinere Staaten. Die größeren deutschen Staaten lehnen ihre Zustimmung ab. 28. April: Endgültige Ablehnung der Kaiserwürde durch Friedrich Wilhelm IV. 14. Mai: Abberufung der preußischen Abgeordneten aus der Frankfurter Nationalversammlung 31. Mai: Beschluss der Frankfurter Nationalversammlung zur Verlegung ihres Sitzes nach Stuttgart (Rumpfparlament) 18. Juni: Auflösung des Rumpfparlaments in Stuttgart durch württembergisches Militär 23. Juli: Die Festung Rastatt, wo sich viele Revolutionäre verschanzt hielten, wird erobert. Wer nicht ins Ausland fliehen kann, wird gnadenlos verfolgt.
Deutung	Nachdem das in Frankfurt tagende Parlament am 28. März 1849 die Reichsverfassung verabschiedet hatte, begab sich Anfang April eine Delegation der Paulskirche nach Berlin, um dem preußischen König Friedrich Wilhelm IV. die Kaiserkrone anzutragen. Diese lehnte der König jedoch nach einer gewissen – nur vorgeschobenen – Bedenkzeit endgültig ab. Schalck kritisiert die Abgeordneten dafür, dass sie all ihre Hoffnungen ausgerechnet auf den reaktionären preußischen König gesetzt haben. Gut gelaunt und in der nach Ansicht des Zeichners blauäugigen Hoffnung auf eine positive Antwort hat der „deutsche Michel“ ordentlich dem Alkohol zugesprochen, gefeiert und starken Tabak geraucht. Noch bevor er zurück in Frankfurt ist, haben ihn die schlechten Nachrichten aus „Berlin“ erreicht. Dem deutschen Michel wird übel. Tendenz: pessimistisch-resignierender Kommentar. In Deutschland herrscht „Katerstimmung“. Schalck hält die Revolution für gescheitert und prophezeit, dass die Deutschen ihrer gerade erst errungenen Freiheiten und Rechte nun wieder verlustig gehen (im Bildhintergrund sprengt wohl ein Vertreter des Ancien Régime siegesgewiss auf seinem Pferd davon).

DIDAKTISCH-METHODISCHE HINWEISE, ARBEITSANREGUNGEN

1. Beschreibe deinem Sitznachbarn die vorliegende Karikatur. Achte dabei auch auf kleinste Details.
2. Hebe einzelne Elemente der Karikatur sowie verwendete Symbole durch Pfeile/Einkreisen hervor und erläutere diese.
3. Notiere dir Fragen zur vorliegenden Karikatur.
4. Ordne den Zeichner politisch ein.

Wie der deutsche Michel Alles wieder von sich gibt.

22 Eine sterbende Verfassung

Urheberschaft	Münchener Punsch, 1. März 1863
Beschreibung	Im Mittelpunkt der Karikatur sitzt eine Frau – offensichtlich krank und erschöpft – auf einem Sessel. Ihr Rücken wird von einem dicken Kissen gepolstert. Die Frau blickt zu einem Skelett in preußischer Uniform (vgl. Pickelhaube, Gürtelschnalle, Kokarde) hinauf. Dieses hält in der linken Hand eine Sense („Herrenhaus"), stemmt die rechte lässig in die Taille und schaut die „Sterbende" dabei mit einem triumphierenden Grinsen an. Weitere Details: Auf einem Tisch stehen zwei Flaschen (mit den Etiketten „Eisen & Blut" und „ArmeeOrgani"); die „Sterbende" hält „Des Königs Antwort" in der Hand; auf einer Ablage vor dem Fenster steht eine Sanduhr („1863"). Die Bildunterschrift lautet: „Sterbende: Oh diese tödtlichen Verletzungen! – Und er hatte mir doch die Treue geschworen! Herr v. Gebißmark: Da sehen Sie's: hätten Sie das angenommen, was ich Ihnen verschrieben habe!"
Historischer Kontext	Herrenhaus: Erste Kammer des preußischen Abgeordnetenhauses, von Königstreuen dominiert. „Eisen und Blut": Am 30. September 1862 hielt der preußische Ministerpräsident seine berühmte „Blut und Eisen" Rede vor der Budgetkommission des preußischen Abgeordnetenhauses. Darin sagte er u. a.: „Nicht auf Preußens Liberalismus sieht Deutschland, sondern auf seine Macht; ... Preußen muß seine Kraft zusammenfassen und zusammenhalten auf den günstigen Augenblick, der schon einige Male verpaßt ist; Preußens Grenzen nach den Wiener Verträgen sind zu einem gesunden Staatsleben nicht günstig; nicht durch Reden und Majoritätsbeschlüsse werden die großen Fragen der Zeit entschieden – das ist der große Fehler von 1848 und 1849 gewesen – sondern durch Eisen und Blut." 1861 war es zu einem Streit zwischen dem preußischen König und den liberalen Vertretern im preußischen Abgeordnetenhaus um die Dauer der Wehrdienstzeit gekommen. Weil das Parlament in seinem Widerstand gegen die von der Regierung geplante Heeresreform („ArmeeOrgani") sein Budgetrecht als Waffe einsetzte, kam es zu einer Pattsituation, in der Wilhelm I. schon kurz vor dem Rücktritt stand. In dieser scheinbar ausweglosen Situation entschloss er sich in einem verzweifelten Versuch, Bismarck als den „letzten Bolzen der Reaktion" (Karl Marx) zum preußischen Ministerpräsidenten zu ernennen. Indem Bismarck kurzerhand ohne die Zustimmung des Parlaments regierte und sich dabei auf eine fragwürdige „Lückentheorie" berief, löste er die Pattsituation vordergründig auf.
Deutung	Der Zeichner verurteilt das Vorgehen Bismarcks im preußischen Verfassungskonflikt auf das Schärfste: Die personifizierte Verfassung (das Parlament? Das Volk?), die dem Konstitutionsversprechen des Königs geglaubt hatte („Des Königs Antwort"), liegt nun im Sterben. Der Kanzler hat für die Todkranke nur noch Hohn und Spott übrig. Dabei kritisiert der Karikaturist der bayerischen (!) Zeitschrift neben dem Verfassungsbruch auch die „Medizin", die „Herr von Gebißmark" der preußischen Borussia verschrieben hat – jene Machtpolitik, die er in seiner schon damals berüchtigten „Blut-und-Eisen-Rede" öffentlich dargelegt hatte. Tendenz: Scharfe Verurteilung des Verfassungsbruchs aus liberaler (und bayrischer!) Sicht.

DIDAKTISCH-METHODISCHE HINWEISE, ARBEITSANREGUNGEN

1. Spekuliere über den Ort der Veröffentlichung
2. Gib der Karikatur einen alternativen Titel.
3. Beurteile, inwieweit der Zeichner ein akkurates Bild der dargestellten Situation bzw. Thematik zeichnet.

Eine sterbende Verfassung.

23 Eine Hercules-Arbeit in acht Tagen

Urheberschaft	Kladderadatsch, 15. Juli 1866
Beschreibung	Die Karikatur zeigt einen halb offenen Stall, der mit dem Schriftzug „Augias-Bund" beschriftet ist. Im Mittelpunkt steht ein preußischer Soldat mit Pickelhaube (Bismarck), der, eine Meerschaumpfeife im Mund, seelenruhig den Boden fegt. Er spricht: „So wird es gehen! Erst gehörig zusammengefegt, dann ordentlich aufgeräumt und hinausgeworfen, was nicht hineingehört!" Links neben ihm befindet sich ein großer Misthaufen, auf dem u. a. die Schriftzüge „Schleswig", „Holstein", „K.(ur)-Hessen", „Lippe" und – ganz unten – „Preußen" erkennbar sind. Rechts neben Bismarck befindet sich ein deutlich kleinerer Misthaufen („Sachsen", „Baden", „Württemberg", „Bayern") und direkt davor der kleine Haufen „Österreich". Dahinter ist schemenhaft der französische Kaiser zu erkennen, der Bismarcks Tun misstrauisch-missmutig durch ein vergittertes Fenster beobachtet.
Historischer Kontext	1862: Deutsch-Dänischer-Krieg um Schleswig, Holstein und Lauenburg 1866: Der jahrzehntelange preußisch-österreichische Kampf um die Vorherrschaft in Deutschland (Dualismus) führte 1866 zum Deutsch-Deutschen Krieg – kurzfristiger Auslöser war ein Streit um die Kontrolle über die vier Jahre zuvor von Dänemark abgetretenen Gebiete. Vgl. auch die folgende Karikatur.
Deutung	In dieser Karikatur des Kladderadatsch ist es der preußische Ministerpräsident Bismarck, der im „Augiasstall" des Deutschen Bundes ausmistet. Nach dem Sieg im „achttägigen" preußisch-österreichischem Krieg, dessen Auslöser der Streit um die Verwaltung Schleswig und Holsteins war, löste Bismarck den alten Bund auf und gründete den „Norddeutschen Bund" (linker Haufen). Jene Staaten, die auf dem großen Misthaufen liegen, schlossen sich dem neuen Bund mehr oder weniger freiwillig an. Indem Preußen Österreich aus Deutschland herausgedrängt hatte, war der Streit um die Vorherrschaft in Mitteleuropa entschieden. Noch war nicht klar, was mit jenen süddeutschen Staaten geschehen würde, die 1866 aufseiten Österreichs standen (vgl. den rechten, kleineren Haufen). Frankreich hatte sich aus dem Konflikt herausgehalten, forderte danach aber – vergeblich – Kompensation für seine Neutralität. Entsprechend missmutig zeigte sich Napoleon III., der zugleich sorgenvoll auf den Machtzuwachs der Hohenzollern blickte. Tendenz: Bismarck- („Herkules"!) und preußenfreundliche Karikatur.

DIDAKTISCH-METHODISCHE HINWEISE, ARBEITSANREGUNGEN

1. Fasse die Aussage der Karikatur in ein bis zwei Sätzen zusammen.
2. Vergleiche die Zeichnung mit Karikatur 24.

Eine Hercules=Arbeit in acht Tagen.
AVGIAS=BVND.
Sachsen.
Baden.
Würtemberg
Baiern.
Österreich.
Schleswig
Holstein
Hessen.
Hanover
Meiningen
Lippe
Caroline

24 Szene in der europäischen Schule

Urheberschaft	Anonym, Folkets Nisse (Kopenhagen), 28. Juli 1866
Beschreibung	Wie schon der Titel verrät, spielt die Szene in einer Schule. Links im Bild sitzt der stämmige preußische König Wilhelm I. wie ein „Schulmeister" auf einem erhöhten Podest. Er zieht einen deutlich kleineren Mann (den österreichischen Kaiser Franz Joseph I.) so heftig am Ohr, dass diesem Kappe und Schwert zu Boden fallen. Rechts vor dem Pult steht der preußische Kanzler, ein Lesebuch in der einen und ein „Zündnadelgewehr" (bzw. Reisigbesen) in der anderen Hand. Er blickt streng auf einen winzigen und weinenden Napoleon III. herab. Im Hintergrund: eine karikierende Darstellung des französischen Kaisers auf einem Wandgemälde, eine Rute mit der Aufschrift „Königgrätz", zwei Wandkarten sowie mehrere gekrönte Häupter, die auf Schulbänken hocken.
Historischer Kontext	Königgrätz: Mit dem preußischen Sieg über Österreich am 3. Juli 1866 bei Königgrätz war der jahrelange Dualismus zugunsten von Preußen entschieden. Durch die Gründung des „Norddeutschen Bundes" verdrängte Bismarck Österreich aus Deutschland. Napoleon III.: Der französische Kaiser hatte für die französische Neutralität im deutschen „Bruderkrieg" erfolglos Kompensationen gefordert. Nach mehreren außenpolitischen Niederlagen geriet er durch publizistische Attacken innenpolitisch immer stärker unter Druck. Ein Teil der französischen Öffentlichkeit forderte aggressiv „Rache für Sadowa" (Königgrätz).
Deutung	Am 3. Juli 1866 war der deutsch-deutsche Waffengang mit der Niederlage der Habsburger und der verbündeten süddeutschen Truppen in der Schlacht von Königgrätz entschieden (u. a. auch aufgrund der überlegenen preußischen Waffentechnik, vgl. das „Zündnadelgewehr"). Damit war auch die alte Streitfrage um „Schleswig-Holstein", die Dänemark direkt betraf, entschieden. Preußen annektierte in der Folge diverse norddeutsche Gebiete und gab fortan den Ton in Deutschland an (vgl. die zahlreichen Fürsten der deutschen Klein- und Mittelstaaten, die nun die „Schulbank drücken mussten" und denen auch ein Teil der „Kriegskosten" aufgebürdet wurde). Ein weiterer Verlierer des Waffengangs, obwohl Frankreich an den Kämpfen gar nicht teilgenommen hatte, war Kaiser Napoleon III. Nachdem er mit seinen umfangreichen Kompensationsforderungen bei Bismarck abgeblitzt war, geriet er innenpolitisch zunehmend unter Druck (vgl. auch das spöttische Wandgemälde) – was dann zum Konflikt von 1870 führte. Tendenz: Warnung vor preußisch-deutschen Großmachtambitionen aus der Warte eines kleinen Nachbarlandes.

DIDAKTISCH-METHODISCHE HINWEISE, ARBEITSANREGUNGEN

1. Beschreibe deinem Sitznachbarn die vorliegende Karikatur. Achte dabei auch auf kleinste Details.
2. Diskutiere, inwieweit der Karikaturist für die eine oder die andere Seite Partei ergreift.
3. Beurteile die Aussage des Karikaturisten.

Scene i den europæiske Skole,

eller:

Skolemester Wilhelm og Hjælpelærer Bismarck i Function.

25 „Deutschlands Zukunft"

Urheberschaft	Kikeriki (Wien), 17. Oktober 1870
Beschreibung	Die Karikatur ist in ihrer Beschränkung auf wenige Elemente modern und nicht so überladen mit Details wie ältere Zeichnungen. Drei Elemente stechen hier hervor: Weltkugel, Sonne und Adler. Im Zentrum der Karikatur steht ein bedrohlich wirkender Adler mit Pickelhaube, dessen breite Schwingen einen großen, dunklen Schatten auf den Globus und insbesondere Norddeutschland werfen. Die Strahlen der „Sonne der Freiheit" erreichen so nur noch das Gebiet westlich und südlich Preußens (vgl. die Rhein- und Main-Grenze). Die Bildunterschrift lautet: „Kein Wunder, wenn es nun in Deutschland finster werden sollte; sind doch dem preußischen Adler die Flügel ungemein gewachsen."
Historischer Kontext	Preußisch-österreichischer Dualismus: Vgl. die vorherigen Karikaturen. Nach dem Krieg von 1866 hatte Bismarck mit den süddeutschen Staaten zunächst geheime „Schutz- und Trutzbündnisse" für den Fall zukünftiger kriegerischer Entwicklungen abgeschlossen. Mit dem Krieg gegen Frankreich trat damit der Bündnisfall ein. Sedan: Der deutsche Sieg über die beiden französischen Hauptarmeen bei Sedan und die Gefangennahme des französischen Kaisers am 2. September 1870 entschied den Konflikt mit Frankreich, auch wenn der Krieg danach noch einige Monate weiterging.
Deutung	Die Karikatur ist kurz nach „Sedan", der entscheidenden Schlacht des Deutsch-französischen Krieges, entstanden. Sie zeigt eine österreichische Perspektive auf den Aufstieg Preußens nach dem Sieg über das Habsburgerreich im Jahr 1866, den anschließenden Gebietserweiterungen samt der Herausdrängung Österreichs aus Deutschland mit der Gründung des Norddeutschen Bundes und dem nun erfolgten entscheidenden deutschen Sieg gegen Frankreich unter Preußens Führung. Der Karikaturist stellt Preußen als unheimlich, kriegerisch und bedrohlich dar. Während es in Norddeutschland bereits finster sei, werde es auch anderswo bald mit der Freiheit vorbei sein, sollte sich das Hohenzollern-Reich weiter – insbesondere nach Süden über die angedeutete Mainlinie – ausdehnen. Tendenz: kommentierende Karikatur. Scharfe Warnung vor einer heraufziehenden preußischen Übermacht, die die „Freiheit" in Preußen erdrückt. Mit „Freiheit" war dabei allerdings nicht die politische Freiheit des Volkes im Sinne des demokratischen Rechtsstaats, sondern die staatliche Unabhängigkeit der süddeutschen Gebiete gemeint.
	DIDAKTISCH-METHODISCHE HINWEISE, ARBEITSANREGUNGEN **1** Fasse die Aussage der Karikatur in ein bis zwei Sätzen zusammen. *Idee:* Ort der Veröffentlichung schwärzen und die Schüler diesbezüglich begründet spekulieren lassen. *Idee:* Unabhängig vom direkten historischen Kontext könnte die Karikatur auch zum Anlass genommen werden, über die innere Entwicklung des Deutschen Reiches nach 1871 nachzudenken: Inwiefern lag der Zeichner mit seiner Prophezeiung richtig, dass unter preußischer Herrschaft die Freiheit in Deutschland erlischt?

Deutschlands Zukunft.

Kein Wunder, wenn es nun in Deutschland finster werden sollte; sind doch dem preußischen Adler die Flügel ungemein gewachsen.

26 Eine Warnung an alle Schlafmützen!

Urheberschaft	Anonym, Amsterdam, Einblattdruck 1871
Beschreibung	Die Karikatur zeigt Wilhelm I. und Bismarck an einer gedeckten Tafel: Der Kaiser knabbert an dem Knochen „Elsas", während Bismarck im Begriff ist, sich aus einer Karaffe „französisches Blut" einzuschenken. Auf dem Tisch stehen weitere Karaffen („dänisches" und „österreichisches Blut") sowie ein Vogelkäfig mit den Initialen „L. N.", in dem ein schwarzer Vogel sitzt. An der Wand darüber hängt eine „Karte von Ländern, die als Teile von Deutschland betrachtet werden können, sollte sich die Gelegenheit ergeben", sowie die „Flagge des neuen heiligen deutschen Reiches", die ein Totenkopf ziert. Weitere Details: Hinter Bismarck steht der „Fürst der Blutteufel"; auch auf dem Stuhl des Kaisers hat eine teuflische Gestalt Platz genommen. Auf dem Tisch steht ein weiterer, beleuchteter Totenschädel; unter der Tafel knabbern die Hunde „Bayern" und „Sachsen" an dänischen, österreichischen und französischen Gerippen.
Historischer Kontext	19. Juli 1870: Französische Kriegserklärung an Preußen nach der Emser Depesche (13. Juli); Beginn des Deutsch-Französischen Krieges 2. September 1870: Kriegsentscheidende Niederlage der Franzosen bei Sedan; Gefangennahme Napoleons III. 18. Januar 1871: Wilhelm II. im Spiegelsaal von Versailles zum Kaiser des Deutschen Reiches ausgerufen. 10. Mai 1871: Frieden von Frankfurt. Frankreich musste das Elsass und Teile Lothringens an Deutschland abtreten und eine Kriegsentschädigung von fünf Milliarden Franc zahlen. Veränderung des europäischen Mächtegleichgewichts nach dem Deutsch-Französischen Krieg: Die Reichsgründung durch die späte Einigung des „Flickenteppichs" im Zentrum Europas bedeutete einen erheblichen Machtzuwachs für das von Preußen geführte Deutschland, der bei den Nachbarn für Unruhe sorgte.
Deutung	Drastische Kritik an der preußisch-deutschen Politik seit 1864. Der niederländische Karikaturist warnt seine Landsleute (sowie Belgier, Luxemburger und sogar Helgoländer – damals noch in britischem Besitz) eindringlich vor einer Fortführung der Expansionspolitik des 1871 im Spiegelsaal von Versailles gegründeten Deutschen Reiches (vgl. die Karte, die Totenköpfe und die scheinbar immer noch hungrigen Hunde). Bismarck und der Kaiser werden als blutrünstig und „mit dem Teufel im Bunde" dargestellt. Im Vogelkäfig sitzt der französische Kaiser Napoleon III., der nach der Schlacht von Sedan in deutsche Gefangenschaft geraten war.

DIDAKTISCH-METHODISCHE HINWEISE, ARBEITSANREGUNGEN

1. Beschreibe deinem Sitznachbarn die vorliegende Karikatur. Achte dabei auch auf kleinste Details.
2. Verfasse eine schriftliche Interpretation der Karikatur.
3. Eine angemessene Darstellung der preußischen Politik vor – und nach – 1871? Beurteile die Aussage des Karikaturisten.

EENE WAARSCHUWING AAN ALLE JAN SALIES!!!

Pas op! en wordt niet onder het Saliemelk drinken overvallen.

HEILIGE WILLEM'S DINÉ VAN BLOED EN BEENEN.

Heilige Willem.—'Ik krijg weer honger, Biz.—Ik heb deze schoontjes afgekloven, en zou er nog wel wat meer lusten."

Bizzie.—Kijk eens op de kaart, uw M——eit, kies maar uit, er is nog genoeg, ik zal wel aan uw trek voldoen."

De Vorst der Bloedduivels.—"Goed zoo, me jongens; dan ben ik je man, hoor, als naar gewoonte."

Amsterdam. Gebroeders van Helden.

27 Im siebten Himmel

Urheberschaft	Humoristicke Listy (Prag), Februar 1871
Beschreibung	Der Titel der Zeichnung lautet frei übersetzt „Im siebten Himmel" (im Original: im „neunten Himmel"). Die Karikatur zeigt einen riesigen Kaiser Wilhelm I., der breitbeinig auf dem Globus steht. Seine linke Fußspitze berührt fast Madrid, nicht weit von seinem rechten Fuß entfernt kann man die Stadt Petrograd (St. Petersburg) erkennen. Zwischen seinen Beinen liest man den Schriftzug „Europa" sowie folgende Städtenamen: London, Berlin, Warschau, Prag, Wien, (Buda)Pest, Paris und Rom. Links im Bild steht Bismarck (diesmal nur mit zwei anstatt den sonst üblichen drei Haaren), der einen schweren Grenzstein mit der Aufschrift „Deutsches Reich" trägt. Der Reichskanzler fragt den Kaiser: „Bitte, wohin soll ich den Grenzstein setzen?" Daraufhin Kaiser Wilhelm: „Setzen? Nirgendwohin! Wir stellen ihn auf ein Wägelchen und fahren hin, wohin wir wollen!"
Historischer Kontext	Zum historischen Kontext: vgl. die vorherigen Karikaturen
Deutung	**Quelle** *Der spätere britische Premierminister Disraeli in seiner Parlamentsrede vom 9. Februar 1871:* „Dieser Krieg bedeutet die deutsche Revolution, ein größeres politisches Ereignis als die Französische Revolution des vergangenen Jahrhunderts. Ich sage nicht, daß er ein größeres oder ebenso großes soziales Ereignis ist. Seine sozialen Auswirkungen werden sich erst in der Zukunft zeigen. Nicht ein einziger Grundsatz unserer Außenpolitik, der noch vor sechs Monaten von allen Staatsmännern als Leitfaden anerkannt wurde, ist weiterhin gültig. Es gibt keine einzige diplomatische Tradition, die nicht hinweggefegt worden ist. Wir haben eine neue Welt, neue Einflüsse am Werk, neue und unbekannte Größen und Gefahren, mit denen wir fertigwerden müssen ...". Aus Sicht des Karikaturisten schwebt Kaiser Wilhelm I. nach dem dritten erfolgreichen Krieg in Folge „im siebten Himmel". Nachdem Preußen 1866 das mit den süddeutschen Staaten verbündete Kaiserreich Österreich geschlagen hatte – Prag, Erscheinungsort der Humoristicke Listy, war integraler Bestandteil der Donaumonarchie – und im Januar in Versailles von den deutschen Fürsten zum Kaiser ausgerufen worden war, war seine und Preußens Stellung in Mitteleuropa unangefochten. Während Bismarck mit dem Erreichten zufrieden zu sein scheint („wir sind saturiert"), wirft Wilhelm I. in der Karikatur offenbar schon begehrliche Blicke auf neue Territorien, eventuell auf Italien oder Spanien (vgl. die Blickrichtung des Kaisers). Die preußische Armee hat sich schließlich in allen drei Einigungskriegen als überlegen gezeigt; außerdem „stehen" seine Truppen noch in Frankreich. Tendenz: Der Zeichner des Humoristicke Listy warnt vor einem „großdeutschen" Reich, das ganz Mitteleuropa (und damit auch das Gebiet der 1867 gegründeten „Doppelmonarchie" Österreich-Ungarn) beherrschen könnte. Schaut man auf die Ereignisse im Sommer 1866, so scheinen die Befürchtungen des Karikaturisten nicht unbegründet. Damals drängte Wilhelm Bismarck nach der Schlacht von Königgrätz, weiter zu expandieren – einen Wunsch, den Bismarck nur mit großer Mühe abwehren konnte. Ähnliche Befürchtungen hegte man in anderen Teilen Europas, u. a. auch in London, wo Disraeli in der „deutschen Revolution" eine große Gefahr für das europäische Mächtegleichgewicht sah.

DIDAKTISCH-METHODISCHE HINWEISE, ARBEITSANREGUNGEN

1. Verfasse eine schriftliche Interpretation der Karikatur.
2. Beurteile die Aussage der Karikatur – auch vor dem Hintergrund der Bismarckschen Außenpolitik bis 1890.

V devátém nebi.

Prosím, kam mám ten mezník zasadit? — **Vilém.** Zasadit? Nikam! Dáme ho na kolečka a budem ho vozit, kam budem chtít!

28 Mechanische Novelle zu den Kirchengesetzen

Urheberschaft

Kladderadatsch, 27. August 1774

Beschreibung

Die Szene spielt in einer Kirche und besteht aus zwei geschickt miteinander verbundenen Einzelbildern. Links erkennt man einen Priester auf einer Kanzel, die Hände andächtig zum Gebet gefaltet und den Kopf gen Himmel gestreckt. Das verbindende Element zum zweiten Bild ist ein (preußischer) „Schutzmann“, der das lose Ende einer Seilwinde in der Hand hält, während das andere Ende am Dach der Kanzel befestigt ist.

Im rechten Bild sieht man, wie der Polizist das Seil loslässt, woraufhin das Kanzeldach auf den Geistlichen hinabstürzt. Die Bildunterschrift lautet: „Solange der Prediger bei der Sache bleibt, sitzt der Schutzmann ruhig unter der Kanzel und hört andächtig zu – Sobald der Prediger anfängt, auf den Staat zu schimpfen oder gar zu fluchen oder zu exkommunizieren, lässt der Schutzmann die Strippe los.“

Historischer Kontext

„Kulturkampf“: Die katholische Kirche versuchte seit Mitte des 19. Jahrhunderts, sich verstärkt gegen liberale und revolutionäre Gedanken abzugrenzen. In Fragen der Ethik und Moral verstand sie sich dabei dem Staat übergeordnet, was auch staatliche Hoheitsrechte (Familie, Ehe und Schule) betraf. Bismarck und die Liberalen wollten demgegenüber die Trennung von Kirche und Staat ausbauen. Seinen Kampf gegen die katholische Kirche und deren politische Vertretung, die Zentrumspartei, hatte der Reichskanzler mit einer Reihe von Gesetzen geführt.

Kanzelparagraph: Den Anfang des „Kulturkampfes“ markiert der sogenannte Kanzelparagraph (Reichsstrafgesetzbuch, § 130 a vom Dezember 1871).

Quelle

Meyers großes Konversations-Lexikon von 1905 erläutert unter dem Stichwort „Kanzelmissbrauch“:

„[D]as Vergehen, dessen sich ein Geistlicher … schuldig macht, wenn er in Ausübung oder in Veranlassung der Ausübung seines Berufs öffentlich vor einer Menschenmenge oder in einer Kirche … Angelegenheiten des Staates in einer den öffentlichen Frieden gefährdenden Weise zum Gegenstand einer Verkündigung oder Erörterung macht, oder in Ausübung seines Berufs Schriftstücke ausgibt oder verbreitet, in denen Angelegenheiten des Staates in einer den öffentlichen Frieden gefährdenden Weise zum Gegenstand einer Verkündigung oder Erörterung gemacht sind.“

Deutung

Bei der vorliegenden Karikatur handelt es sich um eine plastische Darstellung des Kulturkampfes. Der Begleittext der Zeichnung ist selbsterklärend. Tendenz: Die wenig vorteilhafte Darstellung des Priesters deutet darauf hin, dass es sich bei dem Karikaturisten des Kladderadatsch um einen Befürworter des harten staatlichen Vorgehens gegen die katholische Kirche handelt.

DIDAKTISCH-METHODISCHE HINWEISE, ARBEITSANREGUNGEN

1. Ordne den Zeichner politisch ein.
2. Vergleiche die Zeichnung mit Karikatur 29.

29 Bild ohne Worte, aber allen verständlich sprechend

Urheberschaft	„Die Bremse" (Bayern), 19. September 1874
Beschreibung	Im Bildhintergrund erkennt man drei vergitterte Fenster und eine Holztür mit einem Gitterfenster; oberhalb der Tür steht auf einem Schild „Deutsches Reich". Die Tür ist einen Spalt geöffnet, eine Hand ist zu sehen, die eine Hundeleine hält. Vor der Tür hockt ein furchteinflößender, dreiköpfiger Hund, dessen drei Halsbänder mit „Liberal", „Culturkampf" und „Kirchengesetz" beschrieben sind. Der rechte Hundekopf fletscht die Zähne und wirkt besonders aggressiv. Vor dem Gebäude steht eine Person in schwarzer Bekleidung, einem Stock und Tasche in der rechten Hand. Der katholische Priester blickt in Richtung des dreiköpfigen Hunds und hebt seinen linken Arm in einer Abwehrbewegung.
Historischer Kontext	Zerberus: Der dreiköpfige Hund bewachte in der griechischen Mythologie den Eingang zur Unterwelt. 1870: Unfehlbarkeitsdogma des Papstes in Glaubensfragen. Kulturkampf: Bismarck strebte nach einer Unterordnung der Kirche gegenüber dem Staat, da er Kirche und Staat trennen wollte (der Katholizismus sei ein „Reichsfeind", die katholische Zentrumspartei gefährde die Reichseinheit). Trotz – oder gerade wegen – der staatlichen Verfolgung gewann die Zentrumspartei jedoch in den Folgejahren an Stimmen. 1876 brach Bismarck den Kulturkampf ab. 1872: Schulaufsichtsgesetz (kirchliche und private Schulen unterstanden fortan der preußischen Schulaufsicht). 1873: Einführung der Zivilehe.
Deutung	Die Karikatur stellt eine Kritik am „Kulturkampf" und an Bismarck dar, der den Zerberus hält, dem katholischen Geistlichen den Eintritt ins Reich verwehrt und den Höllenhund jederzeit von der Leine lassen kann. Dass der Reichskanzler hierbei von den Liberalen unterstützt wurde, stimmt tatsächlich: Sie waren seit der Aufklärung die stärksten Fürsprecher einer Säkularisierung. Die katholische Kirche hatte seit Mitte des 19. Jahrhunderts verstärkt liberale, aufklärerische und revolutionäre Gedanken bekämpft. In Fragen der Ethik und Moral verstand sie sich dabei als dem Staat übergeordnet, was auch staatliche Hoheitsrechte (Familie, Ehe und Schule) betraf. Bismarck wollte demgegenüber die Trennung von Kirche und Staat ausbauen. Seinen Kampf gegen die katholische Kirche und deren politische Vertretung, die Zentrumspartei, hatte der Reichskanzler mit einer Reihe von Gesetzen geführt. Adressat der Karikatur ist eine bayerische – und damit überwiegend katholische – Leserschaft. In der Zeichnung wendet sich der Priester vom Reich ab – mit diesem Staat wolle man nichts zu tun haben, so die Aussage. Tendenz: Scharfe Kritik an der Verfolgung der Katholiken im Kulturkampf. Das Deutsche Reich wird als Gefängnis, Bismarck wird als Kerkermeister dargestellt und als Halter des Höllenhundes im wahrsten Sinne des Wortes „verteufelt".

DIDAKTISCH-METHODISCHE HINWEISE, ARBEITSANREGUNGEN

1. Vergleiche die Zeichnung mit Karikatur 28.
2. Ordne den Zeichner politisch ein.
3. Verfasse eine schriftliche Interpretation der Karikatur.

III. Jahrgang. **Die** 1847.

BREMSE.

Satirisch-humoristisches Wochenblatt.

Herausgegeben von Dr. J. Sigl.

№ 38.	Preis in Bayern: halbjährlich 1 fl. vierteljährlich 30 kr.	19. Sept. 1874.

Bild ohne Worte,

aber allen verständlich sprechend.

30 Reichstagsauflösung

Urheberschaft	Wilhelm Scholz, Kladderadatsch, 7. Juli 1878
Beschreibung	Links im Bild, erkennbar an den charakteristischen drei Haaren (ein Attribut, das der Kladderadatsch erfunden hat), steht Bismarck, einen gespannten Bogen in den Händen haltend. Der Reichskanzler zielt auf ein Plakat, welches einen Pistolenschützen sowie die Buchstaben „S." und „D." zeigt. Hinter dem Plakat sind vier gut gekleidete „Liberale" in ein Gespräch verwickelt. Die Bildunterschrift lautet: „Der Pfeil ist auf die Socialdemokraten gerichtet; wie aber, wenn er über das Ziel hinausfliegt?"
Historischer Kontext	1878: Zwei Attentate von Einzeltätern auf Kaiser Wilhelm I. im Mai und Juni Auflösung des Reichstags: Nach dem zweiten Anschlag auf den Kaiser ließ Bismarck am 11. Juni 1878 den Reichstag nach einer Wahlperiode von nur einem Jahr gemäß Artikel 24 Reichsverfassung von Bundesrat und Kaiser auflösen. Bereits zu diesem Zeitpunkt kündigte der Kanzler an, hart gegen die Sozialistische Arbeiterpartei Deutschlands vorgehen zu wollen, der er eine Verwicklung in die Anschläge vorwarf. 30. Juli 1878: Die Wahl zum 4. Deutschen Reichstag ging unter dem Namen „Attentatswahl" in die Geschichtsbücher ein. Mit rund 63 Prozent lag die Wahlbeteiligung unwesentlich über der letzten Reichstagswahl. Während die Sozialisten, das Zentrum und auch die Nationalliberale Partei Verluste hinnehmen mussten, legten die Konservativen deutlich zu.
Deutung	Nach den beiden Attentaten auf Kaiser Wilhelm II., die Bismarck den Sozialisten in die Schuhe schob, zeigte sich der Reichskanzler entschlossen, die Sozialistische Arbeiterpartei Deutschlands (seit 1890: SPD) als politische Kraft auszuschalten. Mit Zustimmung des Kaisers und des Bundesrates ließ er zunächst den Reichstag auflösen. Im anschließenden Wahlkampf polarisierte der Kanzler scharf gegen die angeblich „vaterlandslosen Gesellen" der politischen Linken. Sein Kalkül ging auf. Die Nationalliberale Partei wurde im Wahlkampf zerrieben und musste massive Stimmenverluste hinnehmen. Dies trieb ihre Spaltung in einen liberalen und einen nationalen Flügel voran. In der Folge kam es zur sogenannten „konservativen Wende": Bismarck wandte sich von der liberalen Partei, seinem traditionellen politischen Verbündeten, ab, und schmiedete ein neues Bündnis mit den Konservativen. Die Warnung des Karikaturisten vor den möglichen Folgen einer Reichstagsauflösung stellten sich damit als berechtigt heraus.

DIDAKTISCH-METHODISCHE HINWEISE, ARBEITSANREGUNGEN

1. Erläutere, was der Begriff „konservative Wende" beschreibt.
2. Zeichne Diagramme zu den Wahlergebnissen von 1977 und 1878 (vgl. https://de.wikipedia.org/wiki/Reichstagswahl_1877).
3. Beziehe Stellung zu Bismarcks Umgang mit der Opposition und beurteile die Karikatur.

Reichstagsauflösung.

Der Pfeil ist auf die Socialdemokraten gerichtet; wie aber, wenn er über das Ziel hinausfliegt?

31 Moral eines alten Märchens

Urheberschaft	Anonym, Berliner Wespen, 28. Juni 1878
Beschreibung	Die dargestellt Szene spielt im Wald. Ins Auge sticht zunächst ein großer Bär mit menschlichen Gesichtszügen. Dieser versucht, mithilfe eines mächtigen Felsbrockens („Ausnahmegesetz“) die Wespe „Socialdemok.“ zu erlegen, welche über dem Gesicht einer schlafenden „Königin“ (Germania) herumschwirrt. Ihr im Schlaf herabgesunkener Arm hält eine „Verfassung“. Die Bildunterschrift lautet: „Etwas muss geschehen! Aber wird der Nutzen so groß sein, wie der Schaden, den die rettende That anrichten kann?“
Historischer Kontext	1878: Nach den zwei Attentaten von Einzeltätern auf Kaiser Wilhelm I. im Mai und Juni wies der Reichstag einen ersten Gesetzentwurf „zur Abwehr sozialdemokratischer Ausschreitungen“ mit den Stimmen der Nationalliberalen zurück. Gesetzgebung: Bismarck nutzte die öffentliche Empörung über die Mordanschläge auf den Kaiser – fachte diese auch weiter an – und legte am 9. September einen neuen Entwurf eines „Ausnahmegesetzes“ vor, der nach langer Debatte am 19. Oktober vom Reichstag verabschiedet wurde.
Deutung	Entschiedene Warnung vor der Verabschiedung von Bismarcks (vgl. das Gesicht des Bären) „Ausnahmegesetz“. Der Karikaturist sieht weniger die „Wespe Sozialdemokratie“ als Gefahr für das Reich (Germania), sondern viel eher den Kanzler, den er als Untier porträtiert. Kommt es zur Annahme des Gesetzes durch den Reichstag, so der Zeichner, sind „Germania“ und die Reichsverfassung (mit ihren teilweise durchaus liberal-demokratischen Elementen) tödlich bedroht.

DIDAKTISCH-METHODISCHE HINWEISE, ARBEITSANREGUNGEN

1. Ordne den Zeichner politisch ein.
2. Vergleiche die Zeichnung mit Karikatur 32. Erläutere, zu welchen Aussagen die Karikaturisten jeweils kommen.
3. Erörtere die Stichhaltigkeit ihrer Aussagen.

„Etwas muß geschehen! Aber wird der Nutzen so groß sein, wie der Schaden, den die rettende That anrichten kann?"

32 Hasselmann's Enthüllungen

Urheberschaft	Hermann Scherenberg (?), Ulk, 17. Oktober 1878
Beschreibung	Links im Bild zieht der sozialdemokratische Abgeordnete Wilhelm Hasselmann energisch einen Vorhang beiseite, auf dem die Worte „Brüderlichkeit“ und „ideale Bestrebungen etc etc“) stehen. Auf die Bühne (bzw. auf die aus einer Tür, Wagenrädern, Fässern usw. errichteten Barrikaden) tritt damit eine barbusige, wild dreinblickende Frau. Die französische Marianne trägt eine Jakobinermütze auf dem Kopf, während sie in der einen Hand einen gezückten Dolch und in der anderen eine Fahne mit der Aufschrift „Neid“ und „Begehrlichkeit“ hält. Hinter ihr erkennt man brennende, tempelartige Gebäude sowie mehrere bewaffnete Männer (einer davon trägt eine sozialdemokratische Ballonmütze) – und auch Hasselmann hat ein Gewehr in der Hand.
Historischer Kontext	Bürgerliche Revolutionsängste: Bürgerlich-konservative Furcht vor den „Ideen von 1789“ – dem Ausbruch einer politischen und sozialen Revolution (verstärkt noch durch die französische Julirevolution von 1830 und die europäischen Revolutionen von 1848). 19. Oktober 1878: Der Reichstag nimmt das gegen die Sozialistische Arbeiterpartei Deutschlands gerichtete „Ausnahmegesetz“ mit Mehrheit an.
Deutung	Der Zeichner der Satirezeitschrift Ulk malt hier, zwei Tage vor der entscheidenden Abstimmung im Reichstag, das Schreckgespenst der alles vernichtenden politischen und sozialen Revolution an die Wand. Indem er das berühmte Bild von Delacroix – „Die Freiheit führt das Volk“ – ins Negative verkehrt, warnt er in drastischen Bildern davor, dass Deutschland eine ähnliche Entwicklung wie Frankreich nach 1789 drohe. Unter dem Deckmäntelchen von Gleichheit, „Brüderlichkeit“ und „idealistischen Bestrebungen“ plane die Sozialistische Arbeiterpartei Deutschlands den Umsturz, ja, die Vernichtung der Kultur (vgl. die Waffen und brennenden Kirchen). Sollen Chaos, Anarchie und Bürgerkrieg verhindert werden, so die Botschaft, muss der Reichstag Bismarcks Gesetzesvorlage annehmen. Tendenz: agitatorisch-propagandistische Karikatur.

DIDAKTISCH-METHODISCHE HINWEISE, ARBEITSANREGUNGEN

1. Ordne den Zeichner politisch ein.
2. Vergleiche diesen Kommentar zur Verabschiedung des Ausnahmegesetzes mit Karikatur 31 (kontrastive Parallelkarikatur).
3. Verfasse eine schriftliche Interpretation der beiden Karikaturen.

Hasselmann's Enthüllungen.

„Und was sie ist, das wage sie zu scheinen!"

33 Ostern für die Commission zur Berathung des Socialisten-Gesetzes

Urheberschaft	*Kladderadatsch*, April 1884
Beschreibung	Im Zentrum der im April 1884 erschienenen Karikatur steht, erkennbar an seinen charakteristischen drei Kladderadatsch-Haaren, Otto von Bismarck. Der Reichskanzler hält zwei große „Ostereier" in der Hand – das eine Ei ist mit „Auflösung", das andere mit „Socialisten-Gesetz" beschriftet. Diese preist er einer Gruppe von vier Männern am rechten Bildrand mit den Worten an: „Hier, meine Herren, die Auswahl ist diesmal nicht groß! Für eins von beiden müssen Sie sich entscheiden!" Der kleine Ludwig Windhorst von der Zentrumspartei, Heinrich von Treitschke von der Nationalliberalen Partei (beide, wie Bismarck, mit überdimensional großen Köpfen gezeichnet) sowie zwei weitere Männer im Bildhintergrund (einer davon mit zerzausten Haaren, vermutlich August Bebel), inspizieren die Eier nachdenklich mit nach vorn gebeugten Köpfen. Weitere Details: Im Bildhintergrund stehen auf einem Tisch zwei Körbe mit weiteren Eiern, die mit Etiketten gekennzeichnet sind: „Entweder" und „Oder?"
Historischer Kontext	Die Verfassung des Kaiserreiches wies dem Reichstag insofern eine starke Stellung zu, als Gesetze nur mit seiner Zustimmung verabschiedet werden konnten. Andererseits besaß der Kaiser (mit Zustimmung des Reichsrates) das Recht, ein ihm nicht genehmes Parlament jederzeit aufzulösen, um anschließend Neuwahlen auszuschreiben. Je nach aktueller Stimmungslage stellten Neuwahlen ein Risiko für die Parteien und Abgeordneten da – sie mussten u. U. um ihre Wiederwahl fürchten. Bismarck setzte dieses Mittel regelmäßig ein, um die Reichstagsparteien unter Druck zu setzen, damit sie in seinem Sinne abstimmten (vgl. auch die „Attentatswahlen" 1878). Um das Osterfest 1884 warb er, Machiavellist der er war, beim Zentrum und bei der Nationalliberalen Partei, den beiden größten „Oppositionsparteien", um die notwendigen Stimmen zur Verlängerung des „Socialisten-Gesetz". Das Gesetz wurde dann tatsächlich verlängert.
Deutung	Tendenz: Keine eindeutige Verurteilung der Erpressungstaktik Bismarcks; eher kommentierend, möglicherweise auch pro Bismarck. August Bebel, der Führer der Sozialdemokraten, wird mit seinen wirren, zerzausten Haaren abwertend dargestellt.

DIDAKTISCH-METHODISCHE HINWEISE, ARBEITSANREGUNGEN

1. Versuche, den Zeichner politisch einzuordnen.
2. Beziehe Stellung zu Bismarcks Umgang mit der Opposition und beurteile die Karikatur schriftlich (vgl. auch Abb. 30).

Ostereier.

Für die Commission zur Berathung des Socialisten-Gesetzes.

Hier, meine Herren, die Auswahl ist diesmal nicht groß! Für eins von beiden müssen Sie sich entscheiden!

34 Die Doppel-Justitia

Urheberschaft	Thomas Theodor Heine, aus der Serie: „Durchs dunkelste Deutschland", in: Simplicissimus, 1903
Beschreibung	Vor einem tiefschwarzen Hintergrund sitzen zwei Frauen auf einem Sockel; eine Mauer und ein Grenzpfahl teilen das Bild dabei in zwei Hälften. Beginnen wir links mit der Seite der „Bankiers und Fähnriche". Dort erkennt man zwei wohlbeleibte Männer in Frack und Zylinder. Während der eine „Justitia" auf den Fuß steigt und ihr ans Bein fasst, macht der andere ihr eine lange Nase. Neben ihnen steht ein Soldat in Ausgehuniform; dieser prostet Justitia zu (vgl. auch den Sekt- oder Champagnerkübel). Die Justitia auf der linken Seite ist füllig, hat die Augen verbunden, und sie hält in der einen Hand eine Waage und in der anderen ein verbeultes Schwert. Die Justitia auf der rechten Seite ist dürr, schaut teuflisch, fletscht die Zähne, hat eine wilde Mähne (wobei die Haare an Schlangen erinnern) und hat ein Fernrohr in der Hand. Mit ihrem mächtigen Schwert durchsticht sie auf der Seite der „Arbeiter und Gemeine[n]" einen Soldaten und trampelt mit ihren Füßen auf zwei am Boden liegenden Männern herum. Diese beiden sind einfach gekleidet (tragen eventuell Sträflingskleidung) und zumindest einer von ihnen ist mit einer Kette gefesselt. Im Bildhintergrund sieht man links ein prächtiges Schloss und rechts dunkle Fabriken und Schornsteine.
Historischer Kontext	Gesellschaft des Kaiserreichs: Trotz aller modernen Elemente blieb das Kaiserreich eine Klassengesellschaft; Untertanengeist und Militarismus beeinflussten zudem das Denken vieler Menschen.
Deutung	Justitia, die Göttin der Gerechtigkeit, auf Bildern praktisch immer mit Waage (als Symbol einer fairen Abwägung der Sachlage), Richtschwert (Symbol für Strafe) und mit Augenbinde (als Symbol für Unvoreingenommenheit) dargestellt, tritt hier als „Doppel-Justitia" in Erscheinung. Blind ist sie nur in dem Sinne, als dass sie ihre Verhöhnung durch die Reichen und Bessergestellten nicht erkennt, während sie die niederen Klassen, die Armen und Arbeiter mit unerbittlicher und ungerechtfertigter Härte, ja, mit offenem Hass und Bösartigkeit (als todbringende Medusa mit Schlangenhaaren) behandelt. Sie hält zwar auch in Heines Karikatur eine Waage in der Hand, mit der sie ihre scheinbare Unbestechlichkeit demonstriert, ihr Schwert jedoch ist „stumpf" (bzw. verbeult und nutzlos). Für Heine ist Deutschland eine Zweiklassengesellschaft (vgl. die Mauer): Auf der einen Seite eine reiche und einflussreiche Elite, die sich „ihr Recht" einfach nimmt (durch Bestechung und gute Beziehungen); auf der anderen Seite die einfachen Untertanen, die für kleinste Vergehen mit unnachgiebiger Härte verfolgt werden. Konkret spielt Heine hierbei auch auf Vorgänge in der kaiserlichen Armee an, wo es immer wieder vorkam, dass einfache Soldaten von Offizieren zu Tode geprügelt wurden – ohne dass Letztere dafür strafrechtlich verfolgt wurden.

DIDAKTISCH-METHODISCHE HINWEISE, ARBEITSANREGUNGEN

1. Gib der Karikatur einen alternativen Titel.
2. Ordne den Zeichner politisch ein.
3. Erläutere Heines Sicht auf das Kaiserreich.
4. Beurteile, inwieweit der Zeichner ein akkurates Bild der dargestellten Situation bzw. Thematik zeichnet.

BANKIERS
UND
FÄHNRICHE
ARBEITER
UND
GEMEINE

35 Working the points

Urheberschaft	Punch, 4. Mai 1878
Beschreibung	Die Karikatur zeigt, wie die Züge „Russland" (mit Doppeladler) und „Großbritannien" (mit Union Jack) auf zwei parallelen Gleisen nebeneinander herfahren. Dabei steuern sie mit hoher Geschwindigkeit (vgl. den Rauchausstoß) auf ein Signal mit der Aufschrift „Gefahr" und die dahinter liegende Weiche zu (vgl. auch das Schild mit der Aufschrift „half speed"). Neben der Weiche steht Bismarck; seine rechte Hand liegt auf einem Hebel. Weitere Details: eine Telegrafenleitung; auf dieser und auf der Signalanlage hocken mehrere schwarze Vögel. „Working the points" bedeutet: die Weichen stellen.
Historischer Kontext	Russisch-osmanischer Krieg: Russland baute seit geraumer Zeit seinen Einfluss um das Schwarze Meer herum aus. Die Kämpfe des Jahres 1877 endeten mit dem Friedensvertrag von San Stefano, der das Osmanische Reich zu erheblichen Gebietsabtretungen zwang. Großbritannien: London betrachtete den wachsenden russischen Einfluss in Südosteuropa mit wachsender Sorge (es sah insbesondere Indien und seinen Einfluss im Mittelmeer bedroht). Berliner Kongress: In dieser Situation lud Bismarck die Großmächte 1878 zu einer Konferenz ein, die die Streitigkeiten beilegen sollte. Berliner Kongress: Auf dem Berliner Kongress im Juni/Juli 1878 vermittelte Bismarck als selbst ernannter „ehrlicher Makler" zwischen den Großmächten und konnte so die Kriegsgefahr in Europa beseitigen. Die Folge waren allerdings heftige Verstimmungen mit Russland.
Deutung	Die britische und die russische Lokomotiven rasen ungebremst aufeinander zu – ein Zusammenstoß (Krieg) steht unmittelbar bevor. Dabei scheinen einige europäische Länder einen Konflikt der zwei Staaten geradezu herbeizusehnen – vgl. die schwarzen Vögel. Vielleicht fällt dann ja etwas für sie ab? Aus Sicht des Karikaturisten liegt es nun in der Hand des deutschen Reichskanzlers, durch sein diplomatisches Geschick (also eine geschickte „Weichenstellung") einen Krieg der europäischen Flügelmächte zu verhindern. Tendenz: Ob ein Krieg zwischen dem Zarenreich und Großbritannien verhindert werden kann, ist zum Zeitpunkt der Veröffentlichung noch nicht klar. Für den Zeichner des britischen Punch ist der deutsche Reichskanzler jedoch der Einzige, der einen solchen Konflikt noch verhindern kann. Dies gelang Bismarck dann auf dem Berliner Kongress im Juni/Juli 1878 tatsächlich.
	DIDAKTISCH-METHODISCHE HINWEISE, ARBEITSANREGUNGEN 1 Recherchiere die Hintergründe der Karikatur und des Berliner Kongresses: https://www.dhm.de/lemo/kapitel/kaiserreich/aussenpolitik/berliner-kongress-1878.html 2 Gib der Karikatur einen alternativen Titel. 3 Diskutiere, inwieweit der Karikaturist für die eine oder die andere Seite Partei ergreift.

WORKING THE POINTS.

36 The European Equilibrist

Urheberschaft	Joseph Keppler, in: Puck, 30. März 1887 (etwa: der europäische Gleichgewichtspolitiker)
Beschreibung	Die Szene spielt in einer Arena oder Manege. Im Mittelpunkt der Karikatur steht Otto von Bismarck. Der Reichskanzler ist in ein ärmelloses Kostüm und eine kurze Hose gekleidet, an welcher eine Schleife befestigt ist. Bismarck steht auf einer Holzbohle, die mit dem Schriftzug „European Politics“ versehen ist. Das Brett liegt wie eine Wippe auf einem Pulverfass, welches mit einem Schloss („Septennat“?) gesichert ist. Auf der linken Seite der Wippe sitzt, bewaffnet mit Schwert („War“) und Schild, der Kriegsgott Mars dicht über dem Boden; rechts schwebt ein Engel, einen Palmzweig („Peace“) im Mund, in der Luft. Der muskulöse Reichskanzler jongliert mit sieben unterschiedlich großen „Bällen“: mit dem Papst, dem österreichischen Kaiser, dem russischen Zaren, dem italienischen König, dem osmanischen Sultan, Queen Victoria und dem französischen Präsidenten. Engel und Kriegsgott starren gebannt auf die Bälle und klammern sich dabei mit beiden Händen an der „Wippe“ fest; Bismarck wirkt konzentriert und ernst, aber nicht sonderlich angespannt. Weitere Details: Auf den Rängen im Hintergrund erkennt man viele Zuschauer, vorne rechts im Bild liegt ein schweres Geschütz, Kanonenkugeln sowie eine Kiste mit Geschossen.
Historischer Kontext	Bismarcks Bündnissystem: Unter den Zeitgenossen hatte sich der Reichskanzler mit den erfolgreich geführten Einigungskriegen, der Gründung des Deutschen Reiches und einem komplizierten Bündnissystem einen Ruf als begnadeter Außenpolitiker erworben. Als Höhepunkt seines diplomatischen Geschicks galt vielen seine Verhandlungsführung während des Berliner Kongresses im Juni/Juli 1878, wo Bismarck als selbst ernannter „ehrlicher Makler“ zwischen den konkurrierenden Großmächten vermittelte und so den Frieden in Europa wahrte.
Deutung	Keppler spielt mit seiner Zeichnung auf Bismarcks ausgeklügeltes Bündnissystem an. Seiner Ansicht nach ist es dem diplomatischen Geschick des deutschen Reichskanzlers zu verdanken, dass es (mit Ausnahme des Krimkriegs) seit 1815 zu keinem Krieg zwischen den europäischen Großmächten gekommen ist: Der Friedensengel ist obenauf, der Kriegsgott Mars arbeitslos. Keppler macht zugleich deutlich, dass dies nur eine Momentaufnahme ist: Verlagert der mächtige Bismarck (seine Körpergröße und Muskeln sollen seine alles überragende Stellung auf der politischen „Bühne“ Europas symbolisieren) sein Gewicht nach rechts, würde es mit dem Frieden rasch vorbei sein. Vielleicht könnte ihm auch einer der sieben Bällen (jeder Ball stellt einen der mächtigeren europäischen Staaten dar) entgleiten – wobei der Jongleur Bismarck einen sehr sicheren, souveränen und hochkonzentrierten Eindruck macht. Zwar ist die Gefahr eines europäischen Krieges nicht völlig gebannt (vgl. die Kanone, die Munition und das Pulver; vgl. auch den ängstlichen Blick des Friedensengels), aber das Pulverfass ist doch fest verschlossen. Tendenz: kommentierende Karikatur. Keppler scheint Bismarcks fein austariertes Bündnissystem und sein diplomatisches Fingerspitzengefühl zu bewundern, er stellt ihn hier als Artisten, ja, fast als eine Art Supermann dar. Die Könige und Herrscher der übrigen europäischen Großmächte sind für Keppler – wie für Bismarck – lediglich „Spielbälle“, die der Reichskanzler nach Belieben dominieren kann. Für ihn ist es in erster Linien Bismarck, der das europäische Mächte-„Gleichgewicht“ (vgl. den Titel der Karikatur) sichert.

DIDAKTISCH-METHODISCHE HINWEISE, ARBEITSANREGUNGEN

1. Recherchiere die Hintergründe der Karikatur: https://www.dhm.de/lemo/kapitel/kaiserreich/aussenpolitik/bismarcks-buendnissystem.html
2. Gib der Karikatur einen alternativen Titel.
3. Beurteile die Darstellung Bismarcks durch Keppler.

THE EUROPEAN EQUILIBRIST.

37 Die Etappen einer ruhmvollen Laufbahn

Urheberschaft	Humoristicke Listy (Prag), 1895
Beschreibung	Die einfach gehaltene Karikatur macht einen unheimlichen Eindruck. Im Mittelpunkt der Zeichnung stehen drei (Sieges-)Säulen. Um diese herum liegen zahlreiche Totenschädel, Knochen, Gewehre sowie Teile einer zerstörten Kanone. Während die beiden hinteren Säulen (1864 und 1866) intakt sind, ist die Spitze der vorderen Siegessäule abgebrochen. Dort hat sich ein schwarzer Vogel niedergelassen; zahlreiche weitere Vögel fliegen durch die Luft. Am Himmel stehen dunkle Wolken.
Historischer Kontext	Entlassung Bismarcks: Am 18. März 1890 dankte Bismarck als Reichskanzler und preußischer Ministerpräsident ab. Anlass der Veröffentlichung der Karikatur war vermutlich der Beginn des Deutsch-Französischen Krieges vor damals 25 Jahren. Sie könnte jedoch auch als zeichnerischer Kommentar zu Bismarcks drei Jahrzehnte umspannendem politischen Handeln gelesen werden, schließlich gilt er als „Reichseiniger“ und eigentlich Verantwortlicher für die Kriege von 1864, 1866 und 1870/71 (auch wenn die Karikatur fünf Jahre nach Bismarcks Entlassung – und drei Jahre vor seinem Tod – erschienen ist).
Deutung	Die „ruhmvolle Laufbahn“ des Reichskanzlers (bzw. des Deutschen Kaiserreiches) aus dem Titel kontrastiert der Karikaturist sarkastisch mit der Darstellung einer dunklen, unheilverheißenden Szenerie. Aus der (tschechischen) Sicht des Zeichners besteht Bismarcks Vermächtnis vor allem aus den drei geführten „Einigungskriegen“ (vgl. die Daten auf den Säulen). Die deutsche Politik charakterisiert er als gewalttätig und kriegerisch (vgl. die aufgehäuften Schädel und Knochen). Die unheimlich wirkende Darstellung von Tod und Verfall (vgl. die abgebrochene vordere Säule) wird noch verstärkt durch die dunklen Wolken am Himmel und die schwarzen Vögel (Aasfresser?). Bismarcks brutales Handeln in der Vergangenheit, so deutet der Zeichner an, verheißt für die Zukunft (Deutschlands? Europas?) nichts Gutes. Die zerbrochene Säule im Bildvordergrund könnte darauf hinweisen, dass der Karikaturist das 1871 „auf toten Soldaten“ errichtete Kaiserreich im Jahr 1895, knapp 25 Jahre nach seiner Gründung, dem Untergang geweiht sieht. Für diese Sichtweise spricht die Annäherung zwischen Frankreich und Russland seit 1890, die Bismarck immer hatte verhindern wollen und nun erneut „Alpträume der Koalitionen“ heraufbeschwört. Tendenz: Kritik an der Machtpolitik Bismarcks bzw. des Deutschen Reiches, die Gewaltpolitik von „Blut und Eisen“ sei letztendlich zum Scheitern verurteilt. Eventuell prophezeit der Karikaturist mit seiner Zeichnung sogar den baldigen Untergang des Kaiserreiches.

DIDAKTISCH-METHODISCHE HINWEISE, ARBEITSANREGUNGEN

1. Interpretiere den Titel der Karikatur.
2. Beurteile die Darstellung Bismarcks durch den Zeichner.
Unterrichtlicher Anknüpfungspunkt: Bilanz der Bismarckschen Außenpolitik oder Rückschau auf die ersten rund 25 Jahre des Deutschen Kaiserreichs.

1864
1866
1870
1871

38 Theilung der Erde

Urheberschaft	Kladderadatsch, 11. August 1878
Beschreibung	Im Zentrum der Zeichnung sitzt der griechische Göttervater Zeus auf einem Felsblock. Den rechten Arm auf einen Globus gelehnt, blickt er auf Germania herab und fragt: „Wo warst du denn, als man die Erde getheilet?" Die Angesprochene, langes Haar, Krone auf dem Kopf und unter dem Gewand eine Rüstung tragend, blickt betreten zu ihm auf. Ihren rechten Arm stützt sie auf ein laubumschlungenes Schwert; in ihrer linken Hand hält sie ein umfangreiches Schriftstück, auf dem u.a. „Nothstand in Handel und Gewerbe" und „Socialdemokratie" zu lesen ist. In der rechten Bildhälfte sieht man vier Männer, die mit schweren Säcken bepackt an Zeus vorbeigehen; ein fünfter reitet auf einem Pferd. Bis auf den an Napoleon III. erinnernden Franzosen (typisierte Darstellung) wenden die Männer dem Betrachter den Rücken zu. Die Säcke sind sämtlich mit verschiedenen geografischen Bezeichnungen beschriftet. Am schwersten trägt der Mann im Bildvordergrund (John Bull). Auf seinen drei Säcken liest man „Indien", „Mittelmeer" und „Cypern" sowie „Australien" und „Transvaal".
Historischer Kontext	Großbritannien: Herrscht u. a. über Indien (das „Kronjuwel" des British Empire), das südliche Afrika und Australien. Seine Flotte beherrscht das Mittelmeer, wichtige Stützpunkte wie Gibraltar sowie seit Kurzem auch Zypern und Ägypten. Russland: Das Zarenreich erobert den riesigen sibirischen Raum und steht im „Great Game" in Konkurrenz zu Großbritannien um Mittelasien. Frankreich: Die Französische Republik expandiert in Nordafrika. Algerien wurde bereits 1830 an das Mutterland angeschlossen. Österreich-Ungarn: Der Vielvölkerstaat spekuliert auf Gebietserweiterungen auf dem Balkan, u. a. in Bosnien (das 1908 dann auch offiziell annektiert wird).
Deutung	Der Zeichner wirft der deutschen Reichsregierung vor, tatenlos zuzuschauen, wie die anderen europäischen Großmächte die Erde unter sich „auftheilen" und ihre jeweiligen Territorien erheblich vergrößern. Der Erwerb von Kolonien bietet seiner Ansicht nach die große Chance, den „Nothstand in Handel und Gewerbe" (vgl. den „Gründerkrach" der Jahre 1873–79) zu lindern oder zu beenden. Der Schriftzug „Socialdemokratie" könnte im Angesicht der Tatsache, dass der Kladderadatsch dezidiert antisozialistisch war, darauf hindeuten, dass sich der Karikaturist in der Kolonialpolitik eine Ablenkung von innenpolitischen Zwistigkeiten erhofft (vgl. die von H.-U. Wehler ausführlich beschriebene Theorie des „Sozialimperialismus").
	DIDAKTISCH-METHODISCHE HINWEISE, ARBEITSANREGUNGEN 1 Hebe die einzelnen Elemente der Karikatur durch Pfeile/Einkreisen hervor und erläutere diese. 2 Ordne den Zeichner politisch ein. 3 Vergleiche die Zeichnung mit Karikatur 39.

Theilung der Erde.

Zeus zu Germania. Wo warst du denn, als man die Welt getheilet?

39 The „Irrepressible“ Tourist

Urheberschaft	John Tenniel, Punch, 29. August 1885
Beschreibung	Die Zeichnung mit dem Titel „The ‚Irrepressible' Tourist“ wird dominiert von Reichskanzler Bismarck, der, auf einem recht kleinen Stuhl sitzend, beide Arme herausfordernd auf die Oberschenkel gestützt, dem Betrachter direkt ins Gesicht blickt. Bismarck trägt einen sehr eng sitzenden karierten Anzug, hat zwei Taschen umgehängt, raucht Zigarre und sagt: „H'm! – Ha! – Where shall I go next?“ Im Bildhintergrund erkennt man einen Globus, eine Karte von Sansibar sowie mehrere Papiere („South Africa“). Weitere Karten („... Wight“, „Heligoland“, „Margate“, „Caroline Islands“, „Cannibal Islands“) liegen verstreut zu seinen Füßen – neben einem riesigen schlafenden Hund. Um den Hals des Reichskanzlers hängt zudem ein schwarzer Adler, und auch der Griff des Regenschirms links ist wie ein Adler gestaltet. Hinweis: „Irrepressible“ hat verschiedene Bedeutungen: unbezwingbar, nicht zu unterdrücken, energiegeladen und dabei immer gut gelaunt. Fidschi nannte man damals „Cannibal Islands“, und Helgoland war bis 1890 britisch.
Historischer Kontext	Vergleiche Karikatur 38.
Deutung	Der britische Karikaturist Tenniel wirft Bismarck und dem Deutschen Reich mit seiner Zeichnung vor, eine aggressive Außenpolitik zu betreiben und dabei nicht nur seinen Kolonialbesitz ausweiten zu wollen, sondern sogar (damals) britische Nordseeinseln (Isle of Wight, Helgoland) und englische Städte wie Margate im Visier zu haben. Bismarcks herausfordernder, selbstbewusster Blick und der Bauchumfang des (auch in der Realität) stämmigen Kanzlers – sein Jackett geht schon nicht mehr richtig zu – sollen den angeblichen Kolonialhunger des Kaiserreichs verdeutlichen. Deutschland ist aus Tenniels Sicht bereits jetzt zu mächtig (vgl. auch den zerbrechlichen, zu kleinen Stuhl). Dass Bismarck ursprünglich der Errichtung deutscher Kolonien sehr kritisch gegenüberstand, spielt für ihn keine Rolle. Die Tatsache, dass der Reichskanzler hier nicht in Uniform, sondern in der damals üblichen „Touristen“-Tracht dargestellt wird, soll das britische Publikum dabei keineswegs beruhigen (vgl. auch den friedlich schlafenden Hund, der aber jederzeit erwachen kann – Bismarck liebte seine großen Doggen). Stattdessen will Tenniel seine Landsleute davor warnen, das seiner Ansicht nach gefährliche Verlangen nach Gebietszuwächsen der nach 1871 doch eher friedlichen und vermittelnden deutschen Außenpolitik („saturiert“, „ehrlicher Makler“) zu unterschätzen. Tendenz: Eindringliche Warnung vor angeblichem deutschem (Groß-)Machtstreben und möglichen territorialen Zugewinnen des Kaiserreichs auf Kosten Englands.

DIDAKTISCH-METHODISCHE HINWEISE, ARBEITSANREGUNGEN

1. Vergleiche die Zeichnung mit Karikatur 38 und beurteile, wie angemessen die jeweiligen Sichtweisen auf die Außenpolitik des Kaiserreiches unter Bismarck sind.
2. Beurteile die beiden zeichnerischen Kommentare zur deutschen Kolonialpolitik schriftlich.

The "Irrepressible" Tourist.

BISMARCK. "H'm! — Ha! — Where shall I go next?"

40 The lost hero!

Urheberschaft	Judy (London), 27. Juni 1888
Beschreibung	Die ursprünglich doppelseitige Karikatur ist durch eine von einem Vorhang halb verhüllte Säule in zwei Hälften geteilt. Links steht, von zwei Öllampen hell erleuchtet, eine Büste Kaiser Friedrichs III., über der schemenhaft die Buchstaben „PEACE“ aufscheinen. Vor der Büste kniet eine weinende Frau („Germany“) und legt einen mit „Peace“ beschrifteten Kranz zu einem ganzen Berg von Kränzen, deren Aufschriften u. a. „Great Britain“ und „England“ lauten. Rechts davon legt Britannia, mit einem Union Jack umhüllt und ihren Helm in der Hand haltend, einen weiteren Kranz („Sympathy“) ab. In der rechten Bildhälfte steht ein junger Mann in Uniform auf einem Podest. Mit der linken Hand hält er eine große Fahne, mit der rechten reckt er einen gezückten Säbel in die Höhe. Im Bildhintergrund erkennt man neben einer dunklen Menschenmenge die auf- bzw. untergehende Sonne und darüber die Buchstaben „WAR“; im Bildvordergrund einen trauernden Engel, der einen Palmenzweig hält. Ein weiterer Palmzweig liegt neben einer toten Taube am Boden.
Historischer Kontext	Friedrich III.: Der Sohn Wilhelms I., der als liberal galt und deshalb auch in England beliebt war, verstarb am 15. Juni 1888 nach nur 99 Tagen auf dem Kaiserthron. Daraufhin wurde sein Sohn als Wilhelm II. mit 29 Jahren zum Kaiser gekrönt.
Deutung	Der britische Karikaturist betrauert den Tod des liberalen deutschen Kaisers Friedrich III. In seinen langen Jahren als Kronprinz hatte er sich bei Demokraten und Liberalen in Deutschland wie im Ausland Respekt und Anerkennung erworben. Es gab begründete Hoffnungen, dass seine Regentschaft dem Deutschen Reich und Europa weitere Demokratisierung, Frieden und Fortschritt bringen würde. Den Machtantritt Wilhelms II. deutet der Karikaturist dagegen als Katastrophe: Er sieht einen neuen (europäischen) Krieg heraufziehen (vgl. den trauernden Friedensengel, die tote Friedenstaube und den Ölzweig am Boden; vgl. auch die Bildunterschrift). Das Erstaunliche an der Karikatur ist vor allem der frühe Zeitpunkt dieser Prophezeiung.
	DIDAKTISCH-METHODISCHE HINWEISE, ARBEITSANREGUNGEN *Unterrichtlicher Anknüpfungspunkt:* Thematisierung der Zäsur Dreikaiserjahr 1888 im Sinne einer düsteren Prophezeiung und/oder Besprechung der Zeichnung nach Erarbeitung von konkreten Beispielen zur Außenpolitik Wilhelms II. um die Jahrhundertwende.

THE LOST HERO!

A HERO AND EVERY INCH A KING, THE STORY OF HIS SPLENDID FORTITUDE AND PATHETIC DECLINE WILL FOR MANY GENERATIONS READ A LESSON OF VIVID SIGNIFICANCE AND TOUCHING INTEREST TO EVERY HEART.

41 1845–1945

Urheberschaft	Anonym, Fliegende Blätter,1845
Beschreibung	Die Karikatur besteht aus zwei Einzelbildern. Links („1845") sieht man einen hageren Mann auf einem Feld. Der Bauer trägt kurze Hosen, Weste sowie einen Hut mit breiter Krempe. Er führt mit beiden Händen einen Pflug, welcher von einem Ochsen und einem Pferd gezogen wird. Im Bildhintergrund sieht man ein kleines (Bauern-)Haus. Das Bild rechts zeigt eine Art Eisenbahn, welche nicht über Gleise, sondern direkt auf einem Feld fährt. Vorne ist ein Pflug angebracht und hinten eine Kupplung; ferner kann man zwei Zahnräder und zwei rauchende Schornsteine ausmachen. Auf der Eisenkonstruktion liegt ein beleibter, gut gekleideter Mann auf einem riesigen Kissen, liest Zeitung und raucht Zigarre. An seinem Gürtel hängt eine Taschenuhr. Im Bildhintergrund erkennt man mehrere gepflügte Felder sowie ein großes, villenähnliches Gebäude, aus dessen drei Schornsteinen Rauch aufsteigt.
Historischer Kontext	Industrialisierung: England als Vorreiter der industriellen Revolution; dort wird auch die Eisenbahn erfunden. Im Deutschen Bund vollzieht sich die Industrialisierung eher langsam. 1835: Eröffnung der ersten deutschen Eisenbahnlinie zwischen Fürth und Nürnberg. 1840: Justus von Liebig publiziert über die Anwendung der Chemie in der Landwirtschaft. Die Erfindung des Kunstdüngers war ein wichtiges Element in der sich entfaltenden agrarischen Revolution. Diese hatte mit ihrer erhöhten Produktion und der Freisetzung von Arbeitskräften wiederum Folgen für die industrielle Revolution bzw. war erst Voraussetzung für Letztere.
Deutung	Die Karikatur stellt auf humorvolle Art eine Zukunftsvision dar, die zum Zeitpunkt der Zeichnung allerdings noch in weiter Ferne lag. Bestand die Feldarbeit (auch) im 19. Jahrhundert noch aus extremer Plackerei, die nur geringe Erträge abwarf, so versprach die aufkommende Industrialisierung den Menschen (hier: den Bauern) eine bessere Zukunft: Die schwere Arbeit des Pflügens könnte eines Tages von Dampfmaschinen übernommen werden. Statt der üblichen 70- bis 80-Stunden-Woche hätten die Bauern dann Zeit für Muße; zugleich würde ihre prekäre Existenz durch einen bis dahin undenkbaren Wohlstand abgelöst. Bewertung: Was den Menschen 1844 wie ein unrealistischer Traum vorgekommen sein musste, ist im heutigen Deutschland weitgehend Wirklichkeit geworden. Auch die Einschätzung des Karikaturisten, dass diese Entwicklung wohl hundert Jahre dauern würde, hat sich als korrekt erwiesen: Erst nach dem Zweiten Weltkrieg ersetzten in Westeuropa in der Landwirtschaft motorisierte Zugmaschinen im großen Stil tierische Arbeit. Die vom Karikaturisten eingesetzten Mittel der starken Übertreibung deuten allerdings darauf hin, dass er von der Realisierung seiner eigenen Vision nicht völlig überzeugt war.

DIDAKTISCH-METHODISCHE HINWEISE, ARBEITSANREGUNGEN

1. Beschreibe deinem Sitznachbarn die vorliegende Karikatur. Achte dabei auch auf kleinste Details.
2. Ironie? Hoffnung? Zukunftsversion? Beurteile die Karikatur.

1845.

1945.

42 The Tenement Question – Inside and Out

Urheberschaft	Joseph Keppler, Puck, 5. März 1879
Beschreibung	Diese ungemein detailreiche Karikatur zeigt einen fünfstöckigen Wohnblock in New York. Während im Erdgeschoss ein Saloon mit besonders günstigen Preisen wirbt, preist nebenan ein Beerdigungsinstitut seine „Kindersärge" an. Im Unterschied zu der Geschäftszeile befinden sich in den oberen Etagen Wohnungen, wobei sich immer mehrere Personen jeweils ein Zimmer teilen müssen. Es handelt sich um Räume, in denen zugleich gekocht, gewaschen, Wäsche getrocknet, geschlafen und gearbeitet (etwa genäht) wird. Weitere Details: Vor allem im Treppenhaus laufen zahllose Ratten herum; an der rechten Außenwand des Gebäudes sind die Worte „Diphterie, Hunger, Fieber, Cholera, schlechte Luft" zu lesen und über dem Erdgeschoss ist folgendes Schild angebracht: „Apartments to let – not more than 15 allowed to occupy any one room".
Historischer Kontext	Industrialisierung: Verstädterung, Landflucht, mangelnde Hygiene, Pandemien, schlechte medizinische Versorgung und Armut als Begleiterscheinung der industriellen Revolution (in den USA und gerade in New York verschärft durch eine starke Einwanderung); Aufkommen der sozialen Frage.
Deutung	Indem Keppler in seiner Zeichnung die extrem schlechten Wohnverhältnisse („Tenement Question") in den Arbeitersiedlungen der (amerikanischen) Industriemetropolen anprangert, thematisiert der österreichische Einwanderer, Gründer und Chefzeichner des „Puck" die das 19. Jahrhundert dominierende „soziale Frage". Das enge Zusammenleben so vieler Menschen auf engstem Raum, fehlende sanitäre Anlagen (vgl. die Frau im fünften Stock, die einen Schmutzkübel über den Balkon entleert) förderten Krankheiten, die oft genug tödlich endeten. Insbesondere Kinder hatten unter diesen Bedingungen nur eine geringe Überlebenschance bzw. Lebenserwartung. Konnten die Menschen aufgrund von Krankheit, Arbeitslosigkeit etc. ihre Miete nicht mehr zahlen (vgl. die Szene in der zweiten Etage), drohte Obdachlosigkeit; viele Männer versuchten, ihren Kummer und ihre Verzweiflung in Alkohol zu ertränken (vgl. das Erdgeschoss und die fünfte Etage). Tendenz: Keppler thematisiert die soziale Frage mit Sarkasmus (vgl. die Schilder „Children's coffins a speciality" und „Apartments to let – not more than 15 allowed to occupy any one room").

DIDAKTISCH-METHODISCHE HINWEISE, ARBEITSANREGUNGEN

1. Beschreibe deinem Sitznachbarn die vorliegende Karikatur. Achte dabei auch auf kleinste Details.
2. Realistische Darstellung oder drastische Zuspitzung? Beziehe Stellung zu Kepplers Zeichnung.

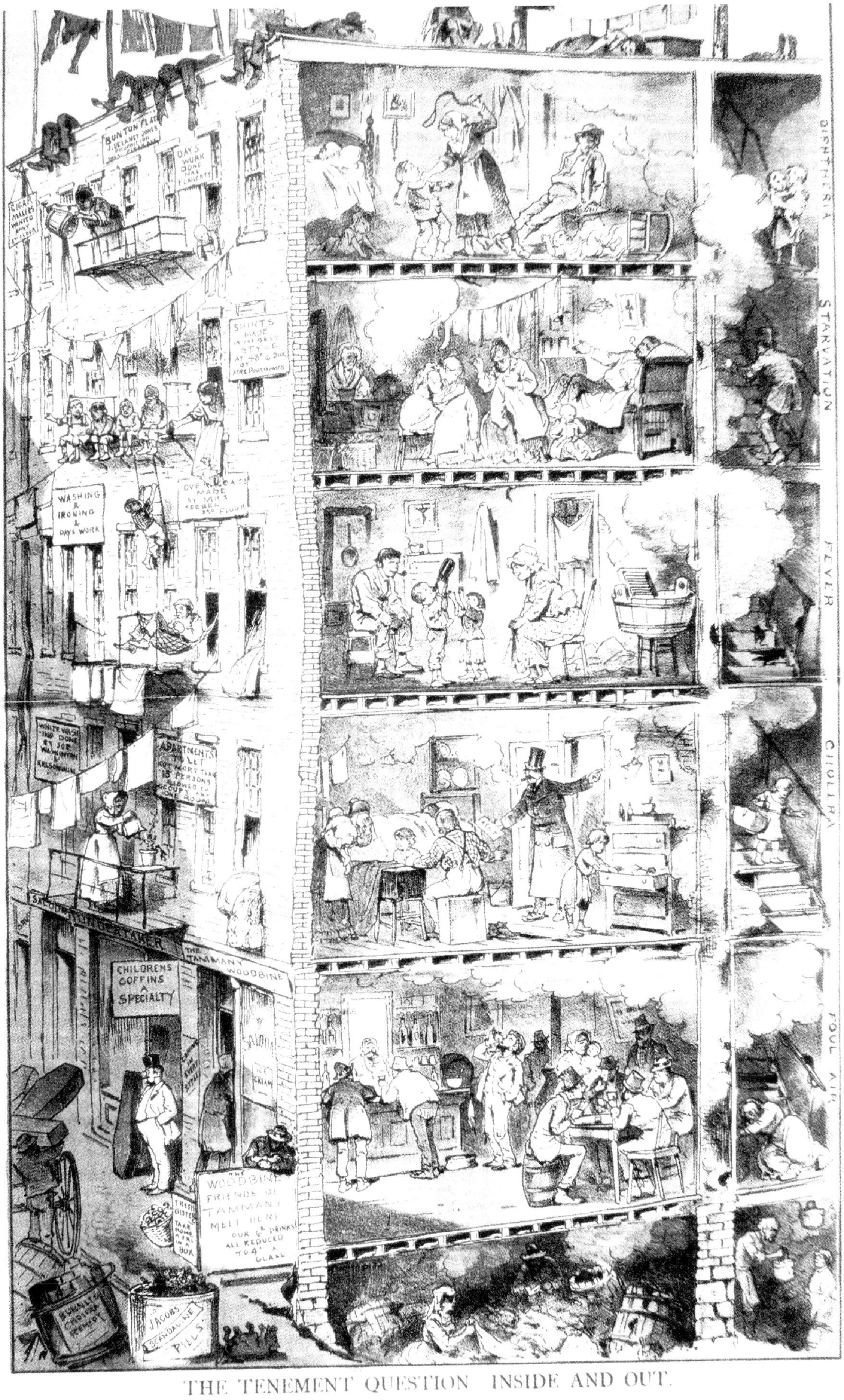

THE TENEMENT QUESTION INSIDE AND OUT.

43 Das Schwert des Damokles

Urheberschaft	Süddeutscher Postillon, 1893
Beschreibung	Im Zentrum der Karikatur sitzt ein gut gekleideter, sehr korpulenter, hässlicher Mann auf einem goldenen Thron. Um seinen Hals und sein Doppelkinn hängt ein weißes Lätzchen mit dem Schriftzug „Kapitalismus“. In der linken Hand hält er eine goldene Gabel, in der rechten eine Keule. Sein erschrockener Blick geht nach oben: Über seinem Kopf hängt ein riesiges Schwert mit der Aufschrift „Socialismus“. Befestigt ist dieses lediglich an einem dünnen Faden. Weitere Details: Auf der großen Tafel stehen weitere Speisen und Getränke, u. a. ein Glas Wein sowie zwei weitere Flaschen, ein Hummer und ein Schweinskopf. Dem Bild ist folgender Text beigegeben: „Noch sitzet sorglos das Kapital beim reichen, köstlichen Schlemmermahl, es kaut und trinkt und kauet wieder und denkt nicht der darbenden Brüder. Da plötzlich spitzt es bang das Ohr und hebt von der Tafel den Blick empor, und Schrecken erfasst den Wohlbeleibten, denn furchtbar über seinen Häupten hängt blinkend ein Schwert an einem Haar und droht ihm Tod und Vernichtung gar. Das raubt den Appetit dem Dicken, er muss mit Zittern nach oben blicken – so bangt und zittert der Egoismus vor'm Racheschwerte des Sozialismus.“
Historischer Kontext	„Süddeutscher Postillon“: Die 1882 in München gegründete Zeitschrift richtete sich ähnlich wie „Der Wahre Jacob“ an Arbeiter und Sozialdemokraten. Chefredakteur war von 1892 bis 1901 der Journalist und Karikaturforscher Eduard Fuchs. Kapitalismus: Im Zuge der Hochindustrialisierung wuchsen die Gegensätze zwischen „Arbeit und Kapital“. Vgl. Karikatur 6 und 7.
Deutung	Der feiste Unternehmer, der ganz allein an einem reich gedeckten Tisch sitzt und die auserwähltesten Köstlichkeiten in sich hineinschlingt, steht hier symbolisch für das kapitalistische Wirtschaftssystem; einen Kapitalismus, den der Zeichner für gierig, egoistisch, verschwenderisch und nicht zuletzt rücksichtslos gegenüber anderen, weniger betuchten Menschen hält. Der Karikaturist des sozialdemokratischen „Süddeutschen Postillons“ prophezeit, dass die Zeit der unangefochtenen Herrschaft des Kapitalismus bald abgelaufen sein wird (vgl. den Text) – sein Überleben hängt nur noch am „seidenen Faden“ (vgl. das „Damokles-Schwert“). Seine Intention ist es, den Lesern Mut zu machen, damit sie nicht nachlassen, in Gewerkschaft und Partei für die Sache der Arbeiter zu kämpfen. Beurteilung: Tatsächlich gewann die SPD seit 1871 bei jeder Reichstagswahl kontinuierlich an Stimmen hinzu – seit 1890 stellten die Sozialdemokraten die stärkste Fraktion im Parlament. Ob der Zeichner auf eine „Vernichtung“ des Kapitalismus oder eher auf eine Reform des Wirtschaftssystems setzt, geht aus der Zeichnung nicht eindeutig hervor. Insgesamt war die Sozialdemokratie zu diesem Zeitpunkt noch stark marxistisch geprägt und glaubte mehrheitlich an die Unausweichlichkeit eines Klassenkampfes, aus welcher das Proletariat siegreich hervorgehen werde.

DIDAKTISCH-METHODISCHE HINWEISE, ARBEITSANREGUNGEN

1. Fasse die Aussage der Karikatur in ein bis zwei Sätzen zusammen.
2. Ordne den Zeichner politisch ein.
3. Beurteile, inwiefern das hier gezeichnete Bild des Kapitalismus zutreffend ist – und ob die Karikatur eventuell auch heute noch aktuell ist.

Das Schwert des Damokles.
Socialismus.
Kapitalismus.
Noch sitzet sorglos das Kapital
Beim reichen, köstlichen Schlemmermahl,
Es kaut und trinkt und kauet wieder
Und denkt nicht der darbenden Brüder.
Da plötzlich spitzt es bang das Ohr
Und hebt von der Tafel den Blick empor,
Und Schrecken erfaßt den Wohlbeleibten,
Denn furchtbar über seinen Häupten
Hängt blinkend ein Schwert an einem Haar
Und droht ihm Tod und Vernichtung gar.
Das raubt den Appetit dem Dicken,
Er muß mit Zittern nach oben blicken —
So bangt und zittert der Egoismus
Vor'm Racheschwerte des Sozialismus.

44 Schutz deutscher Arbeit

Urheberschaft	Fliegende Blätter, 1849
Beschreibung	Die Karikatur ist in zwei Einzelbilder unterteilt. In dem oberen Bild ist ein Leichenzug dargestellt, der von einem Skelett mit der Fahne „Freihandel“ angeführt wird. Schrauben und Werkzeuge tragen den Sarg, der von einem Tuch mit Totenkopfsymbol bedeckt ist; obenauf liegen Hammer, Zange und Schraubzwinge. Trauergäste sind ein Hahn, ein Papagei („Schweiz“) und eine Flasche; ein Löwe beobachtet rechts die Szene durch seine Brillengläser. Hinweis: Das Motto „Honi soit qui mal y pense“ findet sich auf dem Wappen des Vereinigten Königreiches. Das untere Bild nimmt etwa zwei Drittel der Gesamtkarikatur ein. Dargestellt ist eine Festgesellschaft, auf der als Werkzeug dargestellte Männer und Frauen ausgelassen tanzen und Bier trinken. Im Bildhintergrund erkennt man eine Stadt samt Fabriken und rauchenden Schornsteinen, eine Wassermühle und eine Dampfeisenbahn. Im Bildvordergrund wacht ein doppelköpfiger Adler über zwei gesenkte Schranken, welche einem Löwen in einem Boot sowie einem Hahn auf einer Eisenbahn den Weg versperren.
Historischer Kontext	Zollverein: Die Gründung des Deutschen Zollvereins erfolgte am 1. Januar 1834. Ziel des Vereins war es, durch den Abbau von zwischenstaatlichen Zöllen und die Schaffung gemeinsamer Außenzollgrenzen den Handel zu fördern und eine wirtschaftliche Einheit Deutschlands herzustellen. Neben Preußen gehörten 20 deutsche Staaten dem Zollverein an (Österreich blieb außen vor). Freihandel: Die Diskussion, ob die eigene Wirtschaft eher vom Freihandel profitiert oder ob sie durch protektionistische Maßnahmen vor Billigeinfuhren geschützt werden muss, polarisiert vom 19. Jahrhundert bis zum heutigen Tag (vgl. aktuelle Debatten um Protektionismus). Doppeladler: Bis 1806 Symbol des Heiligen Römischen Reiches, dann von Österreich übernommen (bis 1918). Wappentier Preußens und des 1871 errichteten Deutschen Reiches war der einköpfige Adler.
Deutung	In dem klassischen Konflikt zwischen Freihandel und Protektionismus positioniert sich der Zeichner klar auf der Seite der Schutzzollbefürworter: Freier Handel bedeutet für ihn, dass die „deutsche Arbeitskraft“ angesichts massenhafter billiger Importware zu Grabe getragen wird, während sich die ausländische Konkurrenz freut, weil sie ihre Produkte zollfrei exportieren kann (vgl. das obere Bild). Dagegen verspricht sich der Karikaturist von einer deutschen Einigung (vgl. das Erscheinungsdatum), dass der so geschaffene einheitliche Wirtschaftsraum durch (hohe) Außenzölle vor billigen Importen geschützt würde: Die ausländische Konkurrenz bleibt ausgesperrt oder muss Zoll entrichten – sie kann ihre Waren nicht mehr einfach so in Deutschland abladen. Die Folge aus Sicht des Karikaturisten: eine blühende Industrie und Wohlstand (unteres Bild, „schöne Aussicht“).

DIDAKTISCH-METHODISCHE HINWEISE, ARBEITSANREGUNGEN

Idee: Aktuelle Debatten um Protektionismus als Aufhänger.

Schutz deutscher Arbeit.

45 Staatliche Führsorge und Arbeitslosigkeit

Urheberschaft

Der Wahre Jakob, 1894 (Heft 217)

Beschreibung

Im Zentrum der Karikatur hockt ein nachdenklich in die Ferne blickender Mann mit Arbeiterschürze. Die rechte Hand auf den Oberschenkel gestemmt, umarmt er mit der linken ein kleines, weinendes Mädchen. Auf seiner Schulter lehnt, eine Hand vor dem Gesicht, eine ebenfalls mit einer Schürze bekleidete Frau.

Weitere Details: Auf einem Tisch in der linken Bildhälfte ist eine dreistöckige Etagere aufgebaut, die mit verschiedenen Obstsorten, u. a. einer Ananas, befüllt ist. Die einzelnen Teller sind dabei mit den Worten „Krankenversicherung", „Unfallversicherung" und „Alters- und Invalidenversicherung" beschriftet. Hinter dem Tisch macht ein ganz in weiß gekleideter Mann („Bötticher") einen Schritt auf den Arbeiter zu und scheint ihm dabei eine Schüssel mit der Aufschrift „Ausnahmegesetz" anbieten zu wollen. Der Arbeiter schenkt dem „Koch" dabei jedoch ebenso wenig Beachtung wie dem riesigen Geier der „Arbeitslosigkeit" hinter ihm, der eine Klaue auf seine Schulter gelegt hat und mit der anderen nach der Frau rechts im Bild zu greifen scheint.

Das beigefügte Gedicht lautet wie folgt:

„Der gramerfüllte Arbeitsmann
Schaut kaum das Prunkgericht sich an,
voll Kümmerniß der Arme spricht:
Das hilft mir nicht!
Ich bin gesund, nicht alt, noch krank.
Doch arbeitslos schon wochenlang.

Wer giebt, wenn Alles schreit nach Brot,
Mir in der Noth?
Und schmälern wollt ihr noch mein Recht,
Politisch soll ich sein ein Knecht!
Wagt's nur, mich schreckt die Drohung mich,
Drauf pfeife ich!"

Historischer Kontext

Heinrich von Boetticher: Als Staatssekretär arbeitete er eng mit Bismarck zusammen und wurde dessen Stellvertreter. In sein Aufgabengebiet fiel die Wirtschafts- und die Sozialgesetzgebung.

Sozialgesetzgebung: Auf Bismarcks Initiative hin verabschiedete der Reichstag am 15. Juni 1883 ein Gesetz über die Krankenversicherung für Arbeiter; ein Jahr später trat am 6. Juli 1884 das Unfallversicherungsgesetz in Kraft und am 24. Mai 1889 erfolgte die Verabschiedung des Gesetzes über die Alters- und Invalidenversicherung. Wenn die Höhe der Leistungen auch überschaubar war, so wurden die revolutionären Reformen doch vielen Staaten zum Vorbild.

Deutung

Die oppositionelle SPD sah die Sozialreformen kritisch, weil sie dahinter nicht zu Unrecht (auch) ein wahltaktisches Manöver Bismarcks vermutete: Mit Zuckerbrot und Peitsche („Ausnahmegesetz") beabsichtigte der Kanzler, der Sozialdemokratie ihre Massenbasis zu entziehen, ihre Anhänger in den monarchischen Staat zu integrieren und auf diese Weise den inneren Zusammenhalt des Kaiserreiches zu stärken. Diese Haltung spiegelt die Karikatur des „Wahren Jacob" wider; wobei der Zeichner außerdem die Ergänzung der Sozialversicherungen um eine Absicherung gegen Arbeitslosigkeit fordert (dies gelang erst 1927). Tendenz: Kommentierende Karikatur aus sozialdemokratischer Perspektive, die die Not und Verzweiflung von Arbeitslosigkeit betroffener Familien realistisch darstellt.

DIDAKTISCH-METHODISCHE HINWEISE, ARBEITSANREGUNGEN

1. Ordne den Zeichner politisch ein.
2. Gib der Karikatur eine passende (bzw. eine alternative) Bildunterschrift.
3. Fasse die Botschaft des Karikaturisten in ein bis zwei Sätzen zusammen.

Nr. 217. Preis 10 Pfennig. 1894.

Der Wahre Jacob

Staatliche Fürsorge und Arbeitslosigkeit.

Der gramerfüllte Arbeitsmann
Schaut kaum das Prunkgericht sich an,
Voll Kümmerniß der Arme spricht:
Das hilft mir nicht!

Ich bin gesund, nicht alt, noch krank,
Doch arbeitslos schon wochenlang —
Wer giebt, wenn Alles schreit nach Brot,
Mir in der Noth?

Und schmälern wollt ihr noch mein Recht,
Politisch soll ich sein ein Knecht!
Wagt's nur, nicht schreckt die Drohung mich,
Drauf pfeife ich!

46 Think or be damned

Urheberschaft	Udo Keppler, Puck, 19. Juli 1899
Beschreibung	Die dargestellte Szene zeigt einen Kampf zwischen zwei Parteien. Von rechts stürmen mehrere mit Hellebarden und Morgenstern bewaffnete Männer Fahnen schwenkend über die herabgelassene Zugbrücke einer mittelalterlichen Burg auf eine Gruppe von sechs Personen zu. Diese scheinen von dem Angriff weitgehend unbeeindruckt und verhalten sich eher defensiv – abgesehen von den beiden Männern, die das mächtige Maschinengewehr bedienen. Weitere Details: Auf dem MG liest man die Worte „Geschichte“, „Archäologie“, „Evolution“, „Aufklärung“ und „Theologie“ (?); auf dem Boden liegen Kisten mit der Aufschrift „wissenschaftliche und historische Fakten“ sowie „rationale Religion“.
Historischer Kontext	Evolution: Charles Darwin veröffentliche 1859 sein Buch „Vom Ursprung der Arten“. Seine dort niedergelegte Evolutionstheorie wurde von den christlichen Kirchen scharf angegriffen, da diese im Widerspruch zur Bibel stehe. Säkularisierung: Mit der Aufklärung und der Französischen Revolution begann die Auseinandersetzung um den Einfluss der Kirche auf den Staat. In Deutschland und in Frankreich focht man diesen Streit vor allem auf dem Feld der Erziehung aus: Den Anhängern der Säkularisierung ging es darum, den Einfluss der Kirche auf Schule und Unterricht zu verringern.
Deutung	Bei der vorliegenden Karikatur handelt es sich um eine harsche Kritik (insbesondere) an der katholischen Kirche. Von den neuesten Erkenntnissen der wissenschaftlichen Forschung unter Druck gesetzt („belagert“), entscheiden sich die Verteidiger eines nach Ansicht des Zeichners eher antiquierten Denkens (vgl. die mittelalterliche Burg) für einen Gegenangriff („Ausfall“). Der Kampf der Kirchenmänner gegen Religionskritik, die Evolutionslehre Darwins und gegen die Zurückdrängung des Einflusses des Klerus auf Politik und Alltag der Menschen ist Keppler zufolge jedoch zum Scheitern verurteilt: Gegen die modernen „Waffen“ (vgl. das vor Kurzem erfundene MG), die „exakten Wissenschaften“ und die voranschreitende Säkularisierung von Staat und Gesellschaft haben jene, die die Zeit zurückdrehen wollen, keine Chance.

DIDAKTISCH-METHODISCHE HINWEISE, ARBEITSANREGUNGEN

1. Hebe die einzelnen Elemente der Karikatur durch Pfeile/Einkreisen hervor und erläutere diese.
2. Beurteile die Aussage des Zeichners aus heutiger Sicht.
3. Beziehe die Karikatur auf die Auseinandersetzung mit der katholischen Kirche im Deutschland des 19. Jahrhunderts.

THE LAST STAND — SCIENCE *VERSUS* SUPERSTITION.

47 Die Aufteilung Afrikas

Urheberschaft	Johann Braakensiek, Amsterdammer, 31. August 1890
Beschreibung	Die Szene spielt in einer Küche. Rechts im Bild teilt der britische Premierminister Salisbury ein breiartiges Gericht aus einem großen, mit „Afrika“ beschrifteten Topf aus. Gerade ist er im Begriff, dem großen und korpulenten John Bull einen weiteren Löffel in dessen überdimensionale Schüssel zu füllen. John Bull schaut glücklich zu: Seine Schale ist bereits so voll, dass der Brei an den Seiten heruntertropft. Links von John Bull erkennt man eine geisterhafte französische Marianne, die einen mittelgroßen Teller in der Hand hält und sich still zum Gehen abwendet; vor den beiden steht außerdem ein sehr kleiner Mann, der auf einen kleinen Teller blickt. Auf seinem schwarzen Hemd ist das portugiesische Wappen abgebildet. Ganz links schließlich sitzt Kaiser Wilhelm II. auf einem Schemel. Mit der rechten Hand hält er eine mittelgroße Schüssel, die auf seinen Knien abgestellt ist; mit der linken Hand hält er eine Art Unterteller, der mit „Helgoland“ beschriftet ist. Er wirkt eher missmutig. Die Bildunterschrift lautet: Lord Salisbury: Es ist nur zu Eurem Besten, Freunde. Ehrlich geteilt, dann ist der Streit aus der Welt. John Bull, mein Junge, du hast den größten Magen und kriegst also noch etwas extra. Und nicht heulen, kleiner Portugiese! Du siehst doch, wie zufrieden jeder ist.
Historischer Kontext	Helgoland: In dem am 1. Juli 1890 abgeschlossenen „Vertrag über die Kolonien und Helgoland“, oft auch „Helgoland-Sansibar-Vertrag“ genannt, akzeptierte das Deutsche Reich die britische Herrschaft über Sansibar, den damaligen Hauptumschlagplatz des arabischen Sklavenhandels in Afrika. Das Kaiserreich erhielt im Gegenzug die Nordseeinsel Helgoland, die sich seit 1807 in britischem Besitz befand. Portugal: Seit der Reise Vasco da Gamas Ende des 15. Jahrhunderts hatten die Portugiesen entlang des Seewegs nach Indien verschiedene Stützpunkte errichtet; einer davon war Sansibar. Über 200 Jahre lang kontrollierten sie das Archipel vor der Küste des heutigen Tansanias, bevor das Sultanat Sansibar unter die Herrschaft Omans fiel. Portugal besaß bis 1975 noch weitere Kolonien in Ostafrika.
Deutung	Der Titel der Karikatur verrät es: Braakensiek thematisiert „Die Aufteilung Afrikas“. Konkreter Anlass war der Abschluss des „Vertrags über die Kolonien und Helgoland“ vom 1. Juli 1890 zwischen Großbritannien und dem Deutschen Reich. Der Zeichner beschreibt bzw. kritisiert, dass „John Bull“ (also Großbritannien), ohnehin schon wohlgenährt (vgl. den Bauchumfang – die Briten waren bereits damals die größte Kolonialmacht und herrschten am Ende des Ersten Weltkrieges über gut ein Drittel der Erdoberfläche und ein Viertel der Weltbevölkerung –, nun erneut in Afrika das größte Stück vom Kuchen (bzw. „Brei“) abbekommt, während sich die anderen Nationen mit wesentlich kleineren „Portionen“ begnügen müssen. Ähnlich wie der kurz zuvor entlassene Bismarck sieht Braakensiek den Übergang Helgolands in deutschen Besitz als keine ausreichende Kompensation für die Anerkennung der britischen Herrschaft über das reiche Sultanat. Marianne ist hier vermutlich deshalb als Schatten dargestellt, weil Frankreich keine direkten Interessen in der Region hatte, jedoch anderswo vielfach im „Scramble for Africa“ mit John Bull rivalisierte (vgl. den Zusammenstoß in Faschoda, am Oberlauf des Nils, acht Jahre später).

DIDAKTISCH-METHODISCHE HINWEISE, ARBEITSANREGUNGEN

1. Hebe die einzelnen Elemente der Karikatur durch Pfeile/Einkreisen hervor und erläutere diese.
2. Gib der Karikatur einen alternativen, zugespitzteren Titel.
3. Beurteile, inwieweit der Karikaturist ein akkurates Bild der Thematik zeichnet.

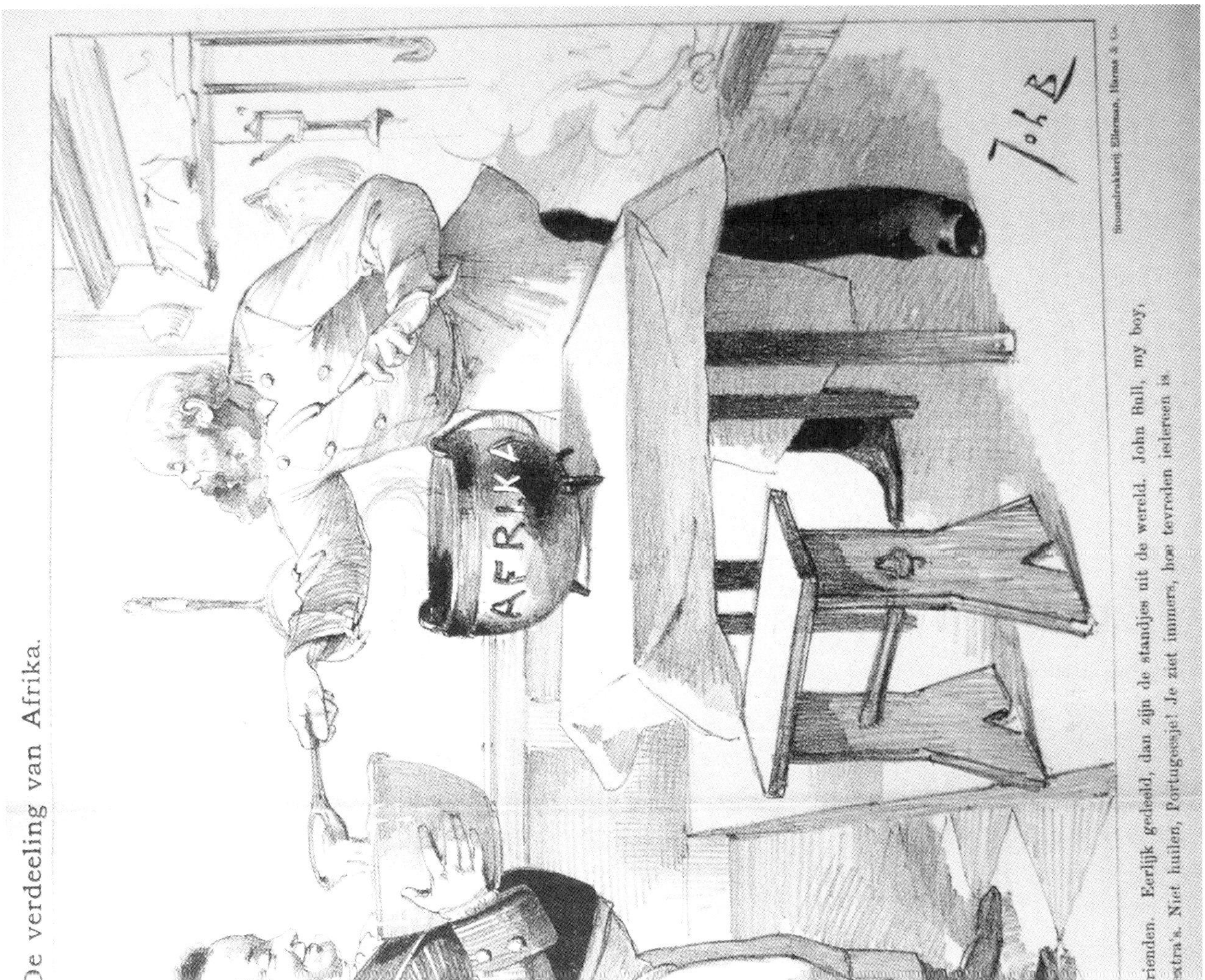
BIJVOEGSEL van de Amsterdammer, Weekblad voor Nederland, van 31 Augustus
De verdeeling van Afrika.
AFRIKA
Joh. B
Lord Salisbury. 't Is voor je bestwil, Vrienden. Eerlijk gedeeld, dan zijn de standjes uit de wereld. John Bull, my boy,
je hebt de grootste maag, en krijgt dus wat extra's. Niet huilen, Portugeesje! Je ziet immers, hoe tevreden iedereen is.
Stoomdrukkerij Ellerman, Harms & Co.

48 History repeats itself

Urheberschaft	Joseph Keppler, Puck, 25. März 1885
Beschreibung	Die Karikatur lässt sich in drei Bilder unterteilen. Ganz links, im Bildhintergrund, stürzt ein römischer Offizier von einer Art Treppe, die aus fünf unförmig behauenen Steinen („Rome, Etruria, Britain, Asia, Africa") und einer (Welt-)Kugel besteht. Rechts davon rudert Napoleon auf einem kippenden steinernen Turm wild mit den Armen. Dieser wurde errichtet aus „Egypt, Italy, Spain, Holland, Austria, Prussia, Russia" und droht ins Meer bzw. auf einen mit „St. Helena" beschrifteten Felsen zu fallen. Im Bildvordergrund, auf einer Insel („England"), steht eine weitere Treppe aus gleichmäßig behauenen Steinen („Scotland, Ireland, Malta, Gibraltar, India, Australia, Cyprus, Egypt, Soudan [sic]"), die teilweise durch Kanonen und Schiffsmasten abgestützt werden. An den vorderen Steinen lehnen Gewehre und Säbel. Auf der Spitze der Treppe steht in Uniform und in triumphalistischer Pose John Bull, mit gezücktem Degen in der rechten und britischer Flagge in der linken Hand. Die letzte Stufe, auf der er seinen linken Fuß abgesetzt hat, ist pyramidenförmig und scheint lose.
Historischer Kontext	Rom: Anspielung auf das Imperium Romanum (ca. 7. Jahrhundert v. Chr. bis 476 n. Chr.). Napoleon: Anspielung auf den französischen Kaiser, der nach seinem aufsehenerregenden (wenn auch militärisch gescheiterten) Ägyptenfeldzug zwischen 1800 und 1814 zahlreiche Länder eroberte und schließlich ganz Mitteleuropa beherrschte. England: Großbritannien, das, auf seine überlegene Seemacht „gestützt", am Ende des 19. Jahrhunderts ein riesiges „Empire" errichtet hatte, besetzte nach dem Anglo-Ägyptischen Krieg 1882 Ägypten und den Sudan. Die Besetzung rief zunehmenden lokalen Widerstand hervor (Mahdi-Aufstand), der erst 1898 endgültig niedergeschlagen werden konnte (Schlacht von Omdurman).
Deutung	Keppler Senior prophezeit, dass dem British Empire (bald? dereinst?) ein ähnliches Schicksal droht wie zuvor dem Imperium Romanum und dem Napoleonischen Kaiserreich und es „in sich zusammenstürzen" wird. Großbritanniens enorme militärische und maritime Macht, so Keppler, kann nicht darüber hinwegtäuschen, dass das englische Weltreich in höchstem Maße „überdehnt" und instabil ist (abgesehen vielleicht von seiner Herrschaft über Schottland und Irland). Mit der Ausweitung seines Machtbereichs auf Ägypten und den Sudan lösten die Briten tatsächlich größeren Widerstand aus (Mahdi-Aufstand). Tendenz: anti-imperialistische Karikatur. Kepplers Prophezeiung erfüllte sich zunächst nicht. Trotz einiger Schwierigkeiten und tatsächlichen Niederlagen (Khartum, 1885) geriet John Bull nicht wirklich ins Straucheln. Die militärische Überlegenheit der Briten setzte sich am Ende im Sudan gegenüber den nur zahlenmäßig überlegenen Einheimischen durch.
	DIDAKTISCH-METHODISCHE HINWEISE, ARBEITSANREGUNGEN *Idee:* Beurteilung der Karikatur mit Blick auf die Errichtung und das Schicksal von weiteren Weltreichen im Laufe des 20. Jahrhunderts.

HISTORY REPEATS ITSELF.

49 „The White Man's Burden (Apologies to Rudyard Kipling)“

Urheberschaft

Victor Gillam, Judge, 1. April 1899

Beschreibung

Im Mittelpunkt der Karikatur stehen zwei schwer bepackte Männer, die einen felsigen Berg erklimmen. Vornweg geht John Bull. In der Kiepe auf seinem Rücken sind ein Chinese, ein Afrikaner, ein Osmane (mit Fes), ein Inder und ein Araber erkennbar. Die fünf wirken recht zufrieden; der (halb nackte) Afrikaner und der Araber blicken Richtung Berggipfel, wo eine Statue („Civilization“ sie mit ausgestreckten Armen erwartet. In den Armen hält sie zwei Tafeln („education“ und „liberty“).

Dicht hinter John Bull folgt, stark schwitzend, Uncle Sam. In seiner Kiepe befinden sich mehrere „Wilde“, die teils mit Tomahawk und Speer bewaffnet und – mit Ausnahme eines „Kubaners“ – nur leicht bekleidet sind. Die vor den Bergsteigern liegenden Felsbrocken sind mit Begriffen wie „oppression, cannibalism, ignorance, superstition, barbarism, brutality, slavery“ beschriftet.

Historischer Kontext

Vergleiche Karikatur 50.

Spanisch-amerikanischer Krieg: Mit dem Sieg im spanisch-amerikanischen Krieg etablierten sich die USA als imperiale Macht; Besetzung Kubas, der Philippinen und Puerto Ricos (seit damals halten die USA auch Guantanamo Bay besetzt).

Deutung

Der Titel der Karikatur spielt auf ein bekanntes Zitat des Schriftstellers Rudyard Kipling an, eines Befürworters des (britischen) Imperialismus. Die „Bürde“ des „weißen Mannes“ ist hier wörtlich zu verstehen. Aus Sicht Gillams erfüllen Großbritannien und die USA den „wilden Völkern“ einen Dienst, indem sie diese aus „Sklaverei“ (!), „Unwissenheit“, „Aberglauben“ und „Unterdrückung“ heraus in die „Zivilisation“ führen, wo sie „Freiheit“ und „Bildung“ erwarten. Großbritannien, das bereits seit Jahrhunderten Kolonialmacht ist, sei Amerika bei dieser Mission voraus.

In der Zeichnung Gillams scheinen die britischen Untertanen mit der „Zivilisierung“ durch das Mutterland ganz zufrieden; wohingegen sich die Bewohner der kürzlich im spanisch-amerikanischen Krieg von den USA erworbenen Gebiete – aus der Perspektive des Judge – unsinnigerweise noch gegen die wohlmeinende, humanistische Mission (vgl. die Rotkreuz-Armbinde) wehren.

Die Selbstlosigkeit, ja, Selbstaufopferung der britischen und amerikanischen Politik verdeutlicht Gillam zusätzlich durch die Höhe des Berges, die Größe der zu überwindenden Felsen, das Gewicht der Kiepen und den triefenden Schweiß Uncle Sams.

Tendenz: aus heutiger Sicht eine rassistische, heuchlerische Karikatur; damals jedoch eine verbreitete und nur teilweise hinterfragte Sichtweise. Das Gerede von der „Bürde des weißen Mannes“ war dabei nicht immer vorgeschoben, um imperialistische Absichten zu verschleiern, sondern ging teilweise auch mit echtem Mitgefühl für „rückständige Völker“ einher.

DIDAKTISCH-METHODISCHE HINWEISE, ARBEITSANREGUNGEN

1. Hebe einzelne wichtige Elemente der Karikatur sowie verwendete zeichnerische Symbole durch Pfeile/Einkreisen hervor und erläutere diese.
2. Beurteile die Karikatur aus damaliger und heutiger Sicht.

BARBARISM
OPPRESSION
IGNORANCE
VICE
SUPERSTITION
BRUTALITY
SLAVERY
CRUELTY
CANNIBALISM
VICE
CUBA
CHINA

50 School begins

Urheberschaft	Louis Dalrymple, in: Puck, 25. Januar 1899
Beschreibung	Die Szene spielt in einem Klassenraum. Im Zentrum steht, vornübergebeugt, ein strenger Uncle Sam mit Brille. In der rechten Hand hält er einen Stock, die linke ist bereit, auf eine Klingel zu drücken. Auf seinem erhöhten Pult liegen ferner Papiere sowie ein Buch („U.S. First Lessons in Self-Government“); neben dem Pult steht ein Globus. Vor dem „Lehrer“ sitzen vier dunkelhäutige Gestalten auf einer langen Bank: „Cuba, Porto [Puerto] Rico, Hawaii, Philippines“. Diese sind recht „ordentlich“ gekleidet; ihre Gesichtszüge spiegeln teils Erstaunen, teils Furcht, teils Widerwillen. In der rechten Bildhälfte sitzen an Einzeltischen zahlreiche fleißig arbeitende Jungen und Mädchen unter einer großen Tafel und lesen in den Büchern „California, Texas, New Mexico, Arizona, Alaska“. Weitere Details: Links putzt ein Schwarzer die Fenster und blickt dabei in Richtung Lehrer, während rechts ein kleiner Chinese, ein Buch unter den Arm geklemmt, durch eine Art Eingangsportal in das Klassenzimmer hineinschaut. An der hinteren Schulzimmerwand, gleich rechts neben dem Eingang, sitzt ein Indianer auf einem Hocker und hält ein Buch falsch herum vor sich. Von der Decke hängt eine große US-Flagge herunter.
Historischer Kontext	Spanisch-amerikanischer Krieg: Militärische Auseinandersetzung zwischen den USA und dem Königreich Spanien zwischen April und August 1898. Die USA unterstützten die letzten größeren Kolonien Spaniens (Kuba, Puerto Rico, Guam und die Philippinen) im Kampf um Unabhängigkeit und sicherten sich dabei auch eigene wirtschaftliche und politisch-strategische Vorteile. Der Konflikt endete mit einem vernichtenden Sieg der US-Armee und -Marine über Spanien. Nach dem Krieg blieben Puerto Rico und die Philippinen unter amerikanischer Besatzung (Folge: philippinisch-amerikanischen Krieg, 1899–1902). Auf Kuba sicherten sich die USA (bis heute!) den Marinestützpunkt Guantánamo Bay.
Deutung	Ähnlich wie in Karikatur 49 geht es hier um die notwendige „Zivilisierung“ der „wilden Völker“, die als Pflicht und „Bürde des weißen Mannes“ verstanden wird: Nach dem Sieg über Spanien im Jahr 1898 fielen Kuba, Puerto Rico, Hawaii und die Philippinen (vorübergehend) den USA zu. In dieser Situation schickt sich der strenge, aber wohlmeinende Uncle Sam an, die dort ansässige Bevölkerung, die sich angeblich auf dem Entwicklungsstand von kleinen Kindern befindet, zu erziehen (vgl. auch Bildunterschrift/Tafelanschrieb). Sams Ziel ist dabei nicht ganz klar: Entweder werden die „Kinder“ später wie etwa Kalifornien, Texas und Alaska (die „fleißigen Schüler“) in die Union integriert; oder aber, bei entsprechender politischer Reife, in die Selbstständigkeit entlassen. Amerikas bisherige Erfolgsbilanz ist dabei nach Ansicht Dalrymples durchwachsen. Während der Schwarze immerhin schon „brav“ die ihm zugewiesenen „Aufgaben“ erledigt, vielleicht sogar vom Fensterputzer aufsteigen und sich fortbilden will (vgl. seinen interessierten Blick in den Klassenraum), stellt er die amerikanischen Ureinwohner, die „Indianer“, als immer noch halb wild und nicht alphabetisiert dar. Die „Zivilisierung“ Chinas, einer jahrhundertealten Hochkultur, so prophezeit der Zeichner, könnte dagegen leichter vonstattengehen.

DIDAKTISCH-METHODISCHE HINWEISE, ARBEITSANREGUNGEN

1. Hebe einzelne wichtige Elemente der Karikatur sowie verwendete zeichnerische Symbole durch Pfeile/Einkreisen hervor und erläutere diese.
2. Vergleiche die Zeichnung mit Karikatur 49.
3. Beurteile die Karikatur aus damaliger und heutiger Sicht.

SCHOOL BEGINS.

UNCLE SAM (*to his new class in Civilization*).— Now, children, you've got to learn these lessons whether you want to or not! But just take a look at the class ahead o' you, and remember that, in a little while, you will feel as glad to be here as they are!

LITERATUR UND QUELLEN

Unterrichtsvorschläge

FIEBERG, Klaus, Der Deutsche Michel. Realität und Wunschbild im Spiegel zweier Karikaturen, in: Praxis Geschichte 3 (2006), S. 12-15

GESCHICHTE lernen 18 (1990) und 204 (in Vorbereitung, hg. v. Steffen Barth und Ulrich Schnakenberg)

KAULFUSS, Ralf (Hg.), Geschichtsbilder. Historisches Lernen mit Bildern und Karikaturen, Donauwörth 2001

KRÜGER, Herbert, Geschichte in Karikaturen. Von 1848 bis zur Gegenwart, Stuttgart 1981.

O'NEILL, Joseph, Teaching pupils to analyse cartoons, in: Teaching History 91 (1998), S. 20-23

PRAXIS GESCHICHTE 1 (2004)

SCHNAKENBERG, Ulrich, Geschichte in Karikaturen I., 1945 bis heute, Schwalbach/Ts. 2011

DERS., Geschichte in Karikaturen II., 1900 bis 1945, Schwalbach/Ts. 2014

DERS., Geschichte in Karikaturen IV., Imperialismus und Erster Weltkrieg, Frankfurt/M. (in Vorbereitung)

STEPHAN, Christiane, Karikaturen: wichtige historische Quellen – nicht immer auf den ersten Blick!, in: Raabits Geschichte, o. O. o. J.

WERNER, Johannes, Die Karikatur im historisch-politischen Unterricht, o.O. o.J.

Weiterführende Literatur

COUPE, William A., German Political Satires from the Reformation tot he Second World War, 6 Bde., New York 1985–1993

DORMEIER, Heinrich, Bismarck in der Karikatur des Auslands, Berlin 1990

DOUGLAS, Roy, Great nations stille enchainded. Cartoonists' Vision of empire 1848–1914, 1993

DOUGLAS, Roy, The Great War, 1914–1918. Cartoonists' Vision, 1995

FUCHS, Eduard, Die Karikatur der europäischen Völker, Bd. 1 und 2, Berlin [2]1902

GARDES, Jean-Claude, La caricature en guerre: Allemagne, 1914–1918, in: Le Temps des médias 4 (2005), S. 151-161 (online: http://www.cairn.info/revue-le-temps-des-medias-2005-1-page-151.htm)

GASSEN, Richard W./Karl-Ludwig Hofmann, Liberalnichtoftsky und der deutsche Michel. Die Karikatur in der Revolution von 1848/49, Heidelberg 1988

HEIDERMANN, Horst, Seel, Essen 2003

HESS, Stephen, The Ungentlemanly Art. A History of American Political Cartoons, New York 1968

KAULBACH, Hans-Martin, Bombe und Kanone in der Karikatur: eine kunsthistorische Untersuchung zur Metaphorik der Vernichtungsdrohung, Marburg 1987

KLANT, Michael, Der rote Ballon, Hannover 1988

KOCH, Ursula E., Der Teufel in Berlin. Von der Märzrevolution bis zu Bismarcks Entlassung. Illustrierte politische Witzblätter einer Metropole 1848–1890, Köln 1991

LAMB, Chris, Drawn to extremes. The use and abuse of editorial cartoons, New York 2004

LAMMEL, Gisold, Deutsche Karikaturen: Vom Mittelalter bis heute, Stuttgart 1995

LANDSCHAFTSVERBAND WESTFALEN-LIPPE, Ereigniskarikaturen. Geschichte in Spottbildern, 1600-1930, Münster 1983

LANGEMEYER, Gerhard (Hg.), Bild als Waffe: Mittel und Motive der Karikatur in fünf Jahrhunderten, München 1985

RIHA, Karl, Der deutsche Michel. Zur Ausprägung einer nationalen Allegorie im 19. Jahrhundert, in: Herding, Klaus (Hg.), „Nervöse Auffangsorgane des inneren und äußeren Lebens". Karikaturen, Gießen 1980, S. 186-205

SCHNAKENBERG, Ulrich, „Columbia und Uncle Sam, Britannia und John Bull: Amerikanische und britische Nationalallegorien in ihrer gegenseitigen Karikatur", in: Aufklärung – Konstitutionalismus – Atlantische Welt, hg. v. Ulrich Schnakenberg und Thomas Clark, Kassel 2009, S. 133-158

DERS., Die Karikatur im Geschichtsunterricht, Schwalbach/Ts. 2012

WOLF, Silvia, Politische Karikaturen in Deutschland 1848/49, Mittenwald 1982

Online-Archive

http://www.cartoons.ac.uk [sehr empfehlenswerte Homepage des British Cartoon Archive. Umfasst ein riesiges Archiv historischer Karikaturen]

http://simplicissimus.info/ [Simplicissimus]

http://www.ub.uni-heidelberg.de/helios/digi/kladderadatsch.html [Kladderadatsch]

https://www.ub.uni-heidelberg.de/helios/digi/ulkhd.html [Ulk]

http://www.ub.uni-heidelberg.de/helios/fachinfo/www/kunst/digilit/fliegendeblaetter.html [Fliegende Blätter]

http://reader.digitale-sammlungen.de/de/fs1/object/display/bsb11189684_00297.html [Die Bremse]

http://anno.onb.ac.at/cgi-content/anno?aid=kik [Kikeriki] http://www.gutenberg.org/wiki/Punch_%28Bookshelf%29#Volume_146.2C_1914 [Punch]

http://www.digitalniknihovna.cz/mzk/periodical/uuid:ae864f12-435d-11dd-b505-00145e5790ea [Humoristicke Listy]

http://gallica.bnf.fr/ark:/12148/cb32836564q/date.r=.langFR [Supplement des Le Petit Journal]

http://www.ub.uni-heidelberg.de/helios/fachinfo/www/kunst/digilit/artjournals/wahre_jakob.html [Der Wahre Jakob]

https://ia801302.us.archive.org/34/items/cartoons00tenn/cartoons00tenn.pdf [John Tenniel, Cartoons, 1901]

https://www.loc.gov/photos/?q=puck [Abb. aus Puck in der Library of Congress]

https://catalog.hathitrust.org/Record/009034210 [der digitalisierte Punch]

https://books.openedition.org/pul/7799?format=toc [BUCH: La caricature entre République et censure]